예수 그리스도와의 친밀함
Intimacy with Christ

Originally published in the U.S.A.
under the title

Intimacy with Christ

All new Material contained in this book

copyright MMI by Gene Edwards
Published by The SeedSowers
P.O. Box 3317
Jacksonville, FL 32206

Korean Translation Copyright ⓒ 2005 by Pure Nard
2F 16, Eonju-ro 69-gil Gangnam-gu, Seoul, Korea

This Korean edition is Published by arrangement with The SeedSowers.
All rights reserved.

본 저작물의 한국어판 저작권은 **The SeedSowers** 와의
독점 계약으로 한국어 판권을 **'순전한 나드'** 가 소유합니다.
저작권자의 허락없이 이 책의 일부 또는 전체를 무단 복제,
전재, 발췌하면 저작권법에 의해 처벌을 받습니다.

예수 그리스도 와의 친밀함
Intimacy with Christ

지 은 이 잔느 귀용
옮 긴 이 박선규

초판발행 2005년 2월 9일
14쇄발행 2024년 2월 26일

펴 낸 이 허 철
펴 낸 곳 도서출판 순전한나드
등록번호 제2010-000128
주　　소 서울시 강남구 언주로69길 16, (역삼동) 2층
도서문의 02)574-6702
　　　　　 Fax 02)574-9704
홈페이지 www.purenard.co.kr

Printed in Korea

ISBN 978-89-91455-03-0 03230

예수그리스도와의 친밀함
Intimacy with Christ

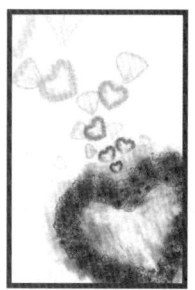

PURE NARD

C·o·n·t·e·n·t·s

저언	6
머리말	8
서론	10

일반서신

1장 그리스도가 당신 안에서 통치하게 하라 ········· **17**
(Let Christ Reign Within You)

2장 자신으로부터 그리스도에게로 돌아서기 ········· **20**
(Turn from Self to Christ)

3장 하나님의 사랑 ········· **22**
(The love of God)

4장 영적 진보 ········· **24**
(Spiritual Progress)

5장 수원지로부터 흐르는 개울들 ········· **26**
(Streams from the Fountain)

6장 핍박 속에서 얻는 기쁨 ········· **28**
(Joy in Persecution)

7장 그리스도 안에서의 자유 ········· **31**
(Liberty in Christ)

8장 즐겁게 하나님을 섬기십시오 ········· **34**
(Serve God Joyfully)

9장 하나님의 돌보심 ········· **37**
(God's Care)

*10*장 **표징을 구하지 마십시오** ································· **39**
(Do not Seek After Signs)

*11*장 **단순하게 말하기** ······································· **41**
(Simply Speaking)

*12*장 **영적 교제** ··· **43**
(Spiritual Fellowship)

*13*장 **인생의 여러 계절들** ····································· **45**
(Different Seasons)

*14*장 **인내함으로 문제들을 감당하십시오** ··············· **48**
(Patiently Bear Problems)

*15*장 **하나님의 인도** ·· **50**
(The Leading of God)

*16*장 **결함들을 다루는 방법** ································· **53**
(Dealing with Faults)

*17*장 **성령을 소멸하기** ·· **55**
(Quenching the Spirit)

*18*장 **자신을 십자가에 못 박으십시오** ····················· **57**
(The Crucifixion of Self)

*19*장 **다른 사람들을 시정해 주기** ·························· **59**
(Correcting Others)

*20*장 **고요한 은혜의 역사** ···································· **61**
(Silent Work of Grace)

*21*장 **자신에 대한 통제력을 잃는 위험을 감수하십시오** ······ **64**
(Risk Losing Control)

*22*장 **믿는 자 안에서 일어나는 하나님의 역사** ············· **66**
(God's Work in the Believer)

*23*장 **피상적인 사람들과는 어떤 교제도 하지 마십시오** ···· **72**
(No Fellowship with the Superficial)

24장 **절망하지 마십시오** ········· **74**
(Do not Give in to Discouragement)

25장 **인간의 약점** ················· **76**
(Human Weakness)

26장 **영적 진보** ·················· **78**
(Spiritual Progress)

27장 **영적 가난** ·················· **80**
(Spiritual Poverty)

28장 **영적 도움** ·················· **83**
(Spiritual Help)

29장 **하나님의 말씀을 경험하기** ····· **85**
(Experiencing the Word)

30장 **자신을 잊으십시오** ············ **88**
(Forget Yourself)

31장 **하나님의 방법** ··············· **91**
(The Ways of God)

32장 **시련 중의 평안** ·············· **93**
(Comfort in Trials)

33장 **그리스도 안에서** ············· **95**
(In Christ)

34장 **영혼의 겨울** ················ **98**
(Spiritual Winter)

35장 **자기 포기** ················· **100**
(Giving up Your Self)

36장 **인간을 의지하지 마십시오** ···· **102**
(Do Not Depend on Man)

37장 **성도의 죽음** ··············· **104**
(Death of a Saint)

38장 **하나님 안에서 성도들의 교제** ·················· **106**
(Fellowship of the Saints in God)

39장 **내면의 불꽃** ·· **108**
(The Inner Flame)

40장 **젊은이들에게 주는 충고** ································ **110**
(Advice to the Young)

41장 **오랜 친구에게 드리는 작별인사** ·················· **112**
(Good-bye to an Old Friend)

42장 **하나님의 영광** ·· **114**
(God's Glory)

43장 **영적 연합** ·· **116**
(Spiritual Union)

44장 **현재를 사는 삶** ·· **118**
(Live in the Present)

45장 **부드러운 충고** ·· **120**
(Give Advice Gently)

46장 **하나님의 뜻을 받아들이십시오** ···················· **123**
(Embrace the Will of God)

47장 **다른 사람들 돕기** ·· **125**
(Helping Others)

48장 **죽음과 부활** ·· **127**
(Death and Resurrection)

49장 **내적인 은혜** ·· **129**
(Inward Grace)

50장 **자기 방식을 포기하십시오** ···························· **131**
(give up Your Own Way)

51장 **유죄** ·· **134**
(Conviction)

52장 **모든 사람들에게 모든 것** ············ **136**
(All Things to All People)

53장 **자기 지식** ························· **138**
(Self-Knowledge)

54장 **완전한 복종** ······················· **140**
(Total Surrender)

55장 **자신을 포기하십시오** ················ **143**
(Abandon Yourself)

56장 **진보** ····························· **145**
(Progress)

57장 **기도** ····························· **147**
(Prayer)

58장 **내적인 시련들** ····················· **149**
(Inward Trials)

59장 **완전한 휴식** ······················· **151**
(Complete Rest)

60장 **사랑의 깊이** ······················· **154**
(The Depths of Love)

잔느 귀용과 프랑수와 페늘롱 사이에 주고 받은 서신

61장 **귀용이 페늘롱에게** ················· **158**

62장 **페늘롱이 귀용에게** ················· **160**

63장 **귀용이 페늘롱에게** ················· **163**

64장 페늘롱이 귀용에게 ········· **165**

65장 귀용이 페늘롱에게 ········· **168**

66장 페늘롱이 귀용에게 ········· **172**

67장 귀용이 페늘롱에게 ········· **174**

68장 페늘롱이 귀용에게 ········· **177**

69장 귀용이 페늘롱에게 ········· **179**

70장 페늘롱이 귀용에게 ········· **182**

71장 귀용이 페늘롱에게 ········· **185**

72장 페늘롱이 귀용에게 ········· **188**

73장 귀용이 페늘롱에게 ········· **191**

74장 페늘롱이 귀용에게 ········· **194**

에세이

75장 **내적 여정에 대한 생각들** ········· **198**
(Thoughts on the Inward Way)

서언

잔느 귀용은 이 편지들을 통하여 당신의 상담자가 되어 줄 것이다. 그녀는 자기에게 상담과 조언을 요청한 성도들에게 이 편지들을 썼다. 이것은 우리 시대의 기독교 상담이라 불리는 개념들에서 흔히 발견되는 것보다 더 그리스도 중심적인 관점에서 진정한 상담이 될 것이다.

이 편지들 속에서 잔느 귀용은 당신이 하나님과의 수직적인 관계에 있어서 그리스도인으로서 어떻게 살아야 하는가에 대한 최고의 것들을 당신에게 제시해 줄 것이다. 그녀는 또한 이 책에 있는 많은 편지들을 통하여 당신이 다른 성도들뿐 아니라, 세상과 더불어 어떻게 살아가야 할지 주옥 같은 것들을 제시할 것이다.

그녀가 사용하는 언어들 중에서 당신이 이해하기 힘든 것이 있다면, 그녀의 책 "예수 그리스도를 깊이 체험하기" (Experiencing the Depths of Jesus Christ)를 읽어 보라.

또 "하나님과의 연합"(Union With God)과 "영혼의 폭포수"(Spiritual Torrents)도 읽으면 좋을 것이다. 나는 특히 처음 두 권은 꼭 읽어 보라고 당신에게 추천하고 싶다. 위의 책들은 모두 같은 저자에 의해 쓰여졌고, 미국에 있는 동일한 출판사에서 출간되었다. (한국번역판: "예수 그리스도를 깊이 체험하기"-생명의 말씀사, "하나님과의 연합"-순전한나드, "영혼의 폭포수"-기독교 문서 선교회)

머리말

교회 역사상 개인들 사이에 주고받은 서신이 우리 문학의 주류를 이루던 기간이 있었다. 책들은 그 다음으로 밀려났다. 하지만 이제는 실상 서신 문학이란 것이 사라져 버렸다. 그럼에도 불구하고, 지금까지 알려진 가장 위대한 문학의 일부는 지나간 시대에 개인들 사이에 오고간 서신 가운데 발견되고 있다. 역사상 가장 위대한 서신 문학의 두 저자는 단연 잔느 귀용과 프랑수아 페늘롱(Francois Fenelon)이다. 그들의 편지는 계속해서 현대어로 번역되는 한 사라지지 않을 것이다.

그리스도인의 영적인 삶을 주제로 다룬 것으로 현존하는 자료들 가운데 가장 도움이 되는 것 일부가 이 편지들과 페늘롱의 서신 문학에서 발견된다.

지금부터 200년 후에 어떤 사람이 이 편지들을 그 시대의 언어로 옮기기를 희망하자. 하지만 지금 우리는 우리가 살고 있는 이 시대의 청지기들이다. 우리 출판사가 이 편지들을 현대 영어로 옮긴 것은 바로 이러한 이유 때문이다.

   이 편지들이 주님과 동행하는 당신의 삶에 도움이 될 수 있기를 기도한다.

- 출판부

서론

나는 최근에 프랑스를 방문해서 잔느 귀용이 걸었던 거의 70년 동안의 발자취를 더듬어 보았다. 그녀의 편지들이 편집된 곳에서 명상하는 동안, 나는 경외감으로 가득해졌다. 이 여인에 대해 어떤 다른 말들이 회자된다 할지라도, 그녀는 확실히 드라마와 같은 극적인 삶을 살았다.

그녀의 몇몇 편지들은 파리에 있는 자기 집에서 쓰여졌고, 다른 것들은 스위스에서 쓰여졌다. 어떤 편지들은 그녀가 수도원에서 연금되어 있는 동안에 겪었던 경험으로부터 나왔고, 또 다른 편지들은 그녀의 전성기 시절에 키레네(St. Cyr)에서 쓰여졌다. 몇몇 편지들은 빈센느(Vincennes)의 지하 감옥에서 기록되었을 가능성도 있다. 감옥에 갇혀 있는 동안에 쓰여진 한 편지는 그녀의 피로 쓴 것이라고 한다(비록 이 편지가 파리의 문서 보관소에 오늘날까지도 간직되어 있기는 하지만, 글은 거의 알아볼 수 없다). 바스티유 감옥에서 쓰여진 편지들 가운데 오늘날 남아 있는 것은 하나도 없는 것 같다.

그녀의 편지들은 위인들과 위인들에 가까운 사람들, 그리고 비천한 사람들과 세상에 알려지지 않은 사람들에게 쓴 것이다. 어떤 편지들의 내용은 모호하고, 어떤 것들은 거의 이해할 수 없지만, 또 어떤 것들은 내용이 분명하여 당신을 천상의 나라로 올려주기도 할 것이다. 몇몇 편지들의 내용들은 복음주의자들을 깜짝 놀라게 하기도 할 것이다. 그녀는 로마 천주교인이었다. 오늘날 그녀가 살아 있다면, 비천주교인들에게 이렇게 유명하고 훌륭한 대접을 받고 있는 자신의 모습을 보고 놀라워할 것이다.

많은 그리스도인들이 그녀가 얼마나 많은 책을 썼으며, 읽을 수 있는 그녀의 책들이 얼마나 많은지에 대해 매우 큰 관심을 가지고 있다.

그녀는 감옥에 갇힐 때까지 자신의 삶 대부분을 기록으로 남겼다. 그것은 그리스도인이 기록한 것 가운데 가장 주목할 만한 전기들 중의 하나로 여겨지고 있다. 그 전기는 프랑스 사람 외의 사람이 이해하기는 매우 어렵다. 대부분의 독자들에게는 아무런 의미도 없는 이름들과 장소들이 프랑스인의 입을 딱 벌어지게 만들기도 한다. 귀용은 프랑스의 황금기를 살아간 위인들의 이름들을 사용함으로 우리들의 이해를 어렵게 하기도 한다.

그녀의 다른 명작 "예수 그리스도를 깊이 체험하기" (Experiencing the Depths of Jesus Christ)는 1685년 경에 프랑스의 그레노블에서 쓰여졌는데, 이것은 지금까지도 기독교 문학 역사상 가장 위대한 작품들 중 하나로 남아 있다.

"하나님과의 연합"(Union with God)은 "예수 그리스도를 깊이 체험하기"의 자매편이라 할 수 있다. 나는 이 책이 어디에서 기록되었는지는 알지 못한다. 그 후 그녀는 "영혼의 폭포수"(Spiritual Torrents)라는 책을 썼는데, 이 책은 영적인 자서전으로서 그녀의 위대한 작품들 중 가장 실용성이 덜하다고 할 수 있다.

"영감에 의한 성경 주석"(A Mystical Commentary of the Bible)이라는 그녀의 작품은 한결같이 고르지는 않다. 그 이유는 아마도 그녀가 이것을 매우 서둘러서 그리고 긴장이 고조되는 분위기 속에서 썼기 때문인 것 같다. 그것의 일부는 매우 아름답지만, 다른 부분들은 전혀 그렇지 않다. 그 작품은 주로 그리스도가 그녀의 생각 속에 얼마나 중심을 차지하고 있는가를 보여주고 있다.

귀용과 그녀의 작품들이 루이 14세의 저주를 받게 된 후에, 그녀는 "정당한 사유들"(Justifications)이라는 제목의 책을 썼다. 그녀는 그 안에서 그녀의 가르침들을 설명했고, 과거에 가톨릭 신비주의자들이 가르치던 것을 가르쳤다는 것을 입증했으며—적어도 그녀는 그 일에 만족스러워했다—그들의 주석에 비평을 달기도 했다. 또한 이 작품은 결코 널리 읽혀지지 않았고, 영어로 번역되지도 않았다.

흥미롭게도, 그녀는 자신이 "예수 그리스도를 깊이 체험하기"라는 책에서 말하고자 했던 것들을 설명하는 소책자를 쓰기도 했는데, 나는 그것을 심지어 프랑스어로도 결코 본 적이 없으며, 또한 그것이 현존하는지 소멸되었는지도 모른다. 또 심지어 파리의 문서 보관소에서도 그것을 보지 못했다.

잔느 귀용의 시들과 편지들은 그녀의 전 생애에 걸치는 것들이다. 그리스도인들은 그녀의 시들을 항상 즐겨 왔으며, 어떤 것들은 음악으로 만들어지기도 했다. 또한 그녀의 편지들은 아마도 1세기 동안 사람들에 의해 가장 선호되어진 것들이기도 했다.

개인적으로, 나는 자극과 도전을 받기 때문에 잔느 귀용의 글들을 읽는다. 나는 그녀의 엉뚱함(eccentricities)은 무시하고, 그녀의 가르침의 범주들은 학자들에게 맡긴다. 사실, 학자들도 교회 역사 속에서 잔느 귀용의 생애와 가르침이 어느 위치에 있는지에 대해 어느 정도 일치를 보이는데 우리와 별반 다르지 않다.

나는 당신이 이 글을 즐길 것이며, 거의 모든 삶의 환경들 속에서 예수 그리스도를 바라본 한 여인에 의하여 마음의 포로가 될 것을 확신한다.

— 진 에드워즈(Gene Edwards)

General Correspondence

일반서신

그리스도가 당신 안에서 통치하게 하라
(Let Christ Reign Within You)

하나님의 자녀들의 마음 중심에서 예수 그리스도가 통치하는 것을 보는 것은 얼마나 행복한 일인지 모릅니다.

하지만 규칙들과 형식들을 갖춘 외형적인 경건이 그리스도와의 내적 경험을 대치해 버렸습니다. 아브라함, 이삭, 야곱, 에녹, 욥과 같은 옛 성인들은 개인적이며 생생한 방법들을 통하여 하나님을 내적으로 알고 경험하고 있었습니다. 그리스도가 당신 안에서 참되게 통치하시기 위해서는 하나도 빠짐없이 모든 것을 그분께 드려야 합니다. 그분의 통치에 완전히 복종하는 것을 거부하는 사람들이 많이 있습니다.

많은 사람들이 "뜻이 하늘에서 이루어진 것같이 땅에서도 이루어지이다"라고 기도하지만, 자신의 방법들을 포기하려 하지 않습니다. 그들은 또한 십자가를 통하여 자신들의 가장 깊은 욕구들을 해결하고자 하는 마음도 없습니다. 하나님은 우리가 거부한다 할지라도 우리 각자를 십자가를 경험하는 광야의 길로 인도하시기를 원하십니다. 하나님은 아무런 이유 없이 우리에게 짐을 지우시지 않을 것입니다. 하나님이 그렇게 하시는 이유는 우리가 그분과 함께 약속의 땅에서 얻을 수 있는 평안한 쉼 안으로 들어가길 원하시기 때문입니다.

많은 사람들은 "애굽으로 돌아감으로써", 즉 그들이 생각하기에 더 쉬운 길을 선택함으로써 그분의 부르심을 거부합니다. 그들은 실상 욕망의 노예들로 전락하고 있을 뿐입니다. 당신도 알고 있듯이, 대부분의 사람들은 자기 마음이라는 왕국에서 왕의 자리를 포기하느니, 어떤 고난이라도 감수하고자 하는 선택을 하고 있습니다.

예수 그리스도가 어느 날 이 땅에 임하시어 온 세상을 통치하실 것이라는 것은 일반적인 상식이 되어 버렸습니다. 하지만, 우리는 "지금 여기에서 우리 안에 있는 모든 것을 그분의 통치에 맡김으로써 누가 그분의 오심을 앞당기려는가?" 하는 질문을 던져야 합니다.

주님께서는 당신이 따라야 할 엄격한 예식들을 주지 않으셨습니다. 그분은 당신에게 "당신의 작은 방안으로 들어가서", 즉 잠잠히 당신의 마음을 열고 많은 말을 삼간 채로 당신 안에 있는 주님을 만지라고 가르쳐 주십니다.

안식일은 단지 외적인 쉼을 위한 하루가 아니라, 하나님과 연합할 때에 당신이 즐길 수 있는 특권을 부여받는 지속적인 쉼입니다. 모든 그리스도인들이 하나님과의 이러한 깊고도 쉼이 있는 연합—그들이 하나님 안에 거하고, 또한 그들 안에 하나님이 거하는 상태—을 알 수 있다면 얼마나 좋을까요!

자신으로부터 그리스도에게로 돌아서기
(Turn from Self to Christ)

나는 당신을 잊지 않았습니다. 하나님께서 나의 마음 판에 당신을 기록해 놓으셨습니다.

당신이 마음에 떠오르는 생각들을 받아들이지 않았거나 초청하지 않았다면, 그것으로 인하여 불편해하지 마십시오. 원하지 않는 생각들을 자세히 살펴보려고 시간을 투자하는 것이 그러한 생각들을 더 악화시킬 것입니다. 그것들과 싸우지 마십시오. 왜냐하면 그러한 생각들은 승리할 가망성이 없는 전투로 당신을 끌어들일 것이기 때문입니다.

당신의 아버지께서는 이 땅의 아버지가 자녀의 얼굴에서 더러운 것들을 닦아내듯이 당신의 흠들을 닦아내실 것입니다. 당신이 할 수 있는 최악의 것은 하나님의 사랑을 의심하는 것입니다. 그분은 당신의 마음을 아시며, 당신 안에 어떤 잘못된 것을 하려는 마음이 없음도 알고 계십니다. 당신이 얼마나 연약하며 얼마나 도움을 필요로 하는 존재인지를 아는 것은 괜찮지만, 거기에 머물러서는 안 됩니다.

당신의 하나님을 바라보십시오! 하나님께서 얼마나 강하고 얼마나 능력 있는 분인지 볼 때에, 당신의 연약함을 받아들이는 것이 그리 어렵지 않을 것입니다. 당신이 항상 그분을 신뢰하지 못하고 있거나 또는 그분의 임재를 항상 느끼지 못하는 것으로 인하여 스스로를 너무 괴롭게 하지 마십시오. 보는 것이나, 당신 자신의 기대감을 의지하지 말고 오직 믿음으로 걸어가십시오. 우리가 원하는 것을 쫓아서가 아니라, 하나님께서 우리를 위해 선택하시는 것을 쫓으면서 함께 걸어갑시다.

하나님의 사랑
(The love of God)

그리스도 안에서 얻은 나의 경험에 대해서 다른 사람들이 무슨 말들을 한다 할지라도, 나는 그것의 실제를 의심할 수 없습니다. 내 안의 깊은 곳으로부터, 나는 그것이 진실이라는 것을 확신할 수 있습니다. 이러한 확신을 주시는 분은 내 마음 안에서 역사하시는 그리스도이시며, 그분의 일은 그분 자신과 같이 의심의 여지가 없는 것입니다. 그리스도와의 내적 경험의 정당성에 대한 신학적 논쟁은 그렇게 위대한 그분의 사랑을 경험해 보지 못한 사람들 사이에서 일어나는 것 같습니다. 그들은 사랑을 주시는 분을 바라보아야 할 때에, 오히려 사람들을 바라보게 되는 유혹을 받습니다.

우리가 연약함과 죄로 가득 차 있다는 것이 사실이지만,

우리를 변화시키고 우리를 그분과 하나 되게 하는 일이 하나님의 기쁨일 때에, 우리는 그리스도의 형상을 따라 변화됩니다. 감히 누가 하나님께 무엇은 하실 수 있고, 무엇은 하실 수 없다고 말할 수 있겠습니까? 감히 누가 다함이 없는 사랑을 가지신 하나님께 그분이 기뻐하시는 어떤 사람에게 이러한 영원한 사랑을 쏟아 부으셔서는 안 된다고 말할 수 있겠습니까? 하나님께서는 지금과 같이 나를 사랑하실 권리가 없습니까? 그렇지 않습니다. 하나님은 나를 사랑하시며 그분의 사랑은 다함이 없습니다. 나는 그것을 의심할 수 없습니다! 그리고 그분은 똑같은 방식으로 당신을 사랑하십니다.

이것이 계시된 영원한 사랑으로서, 그의 사랑하는 자들을 향해 표현된 하나님의 마음입니다. 당신이 하나님의 사랑을 경험할 때에, 오직 사랑하는 자와 사랑받는 자만이 나눌 수 있는 상호적인 비밀들을 이해할 수 있을 것입니다. 누가 여기에 이의를 제기할 수 있겠습니까?

내가 사랑하는 주님을 내 품안에 모실 때에, 그것과 비교할 수 있는 것은 아무것도 없습니다. 그러한 순간에, 내가 경험하는 사랑을 부인하는 것은 절대로 불가능합니다. 나는 단지 내면의 미소를 지으며, 다음과 같이 속삭일 뿐입니다. "내가 사랑하는 분은 나의 것이며, 나는 그분의 것이라네." 나는 당신의 영적 진보로 인하여 즐거워하고 있습니다.

영적 진보
(Spiritual Progress)

내가 말하는 진보란, 더 위로 올라가는 것이 아니라, 더 아래로 내려가는 것을 의미합니다. 배에 짐을 실을 때에 더 많은 물건을 실을수록, 배는 점점 더 물속으로 가라앉게 되듯이, 당신이 당신 안에 더 많은 사랑을 가질수록 당신의 옛 자아는 더 아래로 가라앉게 됩니다.

저울을 생각해 보십시오. 점점 더 가벼워지는 쪽이 비워져 가는 옛 자아라면 점점 더 무거워지는 쪽은 당신 안에 있는 하나님의 사랑입니다. 어거스틴은 "사랑이 우리의 무게이다"라고 말한 적이 있습니다. 십자가의 무게로 인해 당신의 자아가 가라앉게 하십시오. 그렇게 함으로써 당신을 정화하기 위해 필요한 모욕과 고통을 짊어질 준비를 하십시오.

당신의 자아가 가라앉을 때에, 사실은 당신이 높여지고 있음을 발견하게 될 것입니다. 예수님은 "너희 중 가장 작은 자가 가장 위대한 자가 될 것이다"라고 말씀하셨습니다.

나는 사랑 때문에 스스로를 낮추신 그분의 사랑으로 당신을 사랑합니다. 사랑이 얼마나 무거운지요! 왜냐하면 그것은 그렇게 먼 곳에서부터, 즉 하늘에서 땅으로, 하나님으로부터 인간에게로 떨어지기 때문입니다. 오직 그분에 의해서만 알려지기 위해 모든 것을 포기하십시오.

수원지로부터 흐르는 개울들
(Streams from the Fountain)

하나님은 마음이 청결한 자에게 자신을 나타내시며, 그들을 통하여 또한 받아들일 줄 아는 다른 사람들을 축복하십니다. 다른 사람들을 촉촉이 적시는 이 작은 개울들은 수원지—바로 주님 자신이십니다—로부터 흘러나온 것입니다. 그 개울들이 어느 곳으로 흐를 것인지에 대한 결정은 오직 그 수원지에 달려 있습니다. 자신을 나누기 원하시는 것이 하나님의 마음입니다. 하나님께서 사랑을 통하여 마음이 청결한 자들에게 자신을 나누고 드러내는 일을 멈추신다면 하나님이기를 멈추시는 것이 될 것입니다. 공기가 진공을 채우기 위해 쏙 몰려 들어가는 것과 같이, 하나님은 당신의 자아가 비워질 때에 당신을 채우실 것입니다.

하나님의 보좌 둘레에 있는 일곱 영들은 하나님께 가장 가까이 나아가는 천사들이며, 하나님은 그들에게 자신을 가장 많이 드러내십니다. 사도 요한은 모든 사도들 중에서도 성육신하신 말씀을 받아들일 준비가 가장 잘된 자였던 것 같습니다. 사도 요한이 하나님의 사랑의 깊이와 높이를 배운 곳은 예수님의 품안이었습니다―그는 예수님의 심장 가까이 앉아 있었습니다. 십자가에 달리신 예수님께서 자기 어머니를 그에게 맡기실 수 있었던 것은 바로 이러한 이유 때문이었습니다. 예수님은 요한의 심장이 자기 어머니에게 머물 수 있는 장소를 제공할 것이라는 것을 알고 있었습니다. 하나님은 당신이 그분을 얼마만큼 받아들일 준비가 되어 있느냐에 비례해서 자신을 드러내실 것입니다. 당신은 준비된 만큼에 비례해서 하나님의 형상을 따라 그분에 의해 변화될 것입니다.

하나님의 사랑이 얼마나 깊은지요! 하나님은 그분을 위한 장소를 만든 사람들에게 자신을 내어 주십니다. 하나님은 그러한 사람들의 목적과, 그들의 충만함과, 그들의 모든 것이 되어 주실 것입니다.

핍박 속에서 얻는 기쁨
(Joy in Persecution)

내가 당하고 있는 이 명백한 고통의 시기에 당신이 보여 준 따뜻한 사랑에 감사를 표합니다. 하나님은 나로 하여금 그러한 어려움의 시기들을 축복으로 바라보게 하십니다. 진리를 무너뜨리는 것처럼 보이는 것들도 결국에는 진리를 세워 주게 될 것이라고 나는 믿고 있습니다. 그리스도와의 깊고 내적인 관계를 경험하고 선포하는 사람들은 사실 더 많은 핍박을 받게 될 것입니다.

하나님의 사랑과 그분의 뜻을 행하는 것 외에는 그 어느 것도 가치가 없습니다. 그분을 떠나서는 행복을 누릴 수 없습니다. 자신을 그분께 온전히 드림으로써 얻는 기쁨을 당신으로부터 빼앗아 갈 사람은 아무도 없습니다. 나의 유일한 소망은 돌아선다는 생각이나, 나에게 무슨 일이 일어날지에 대한 두려움과 같은 것을 전혀 갖지 않은 채로 나 자신을 하나님의 손에 완전히 내어 드리는 것입니다.

주님, 당신의 뜻 안에 있을 때에 내가 어떻게 만족하지 않을 수 있겠습니까? 하나님의 사랑으로 인하여 당신이 그의 나라의 시민이 될 때, 어떤 권세가 당신을 옥에 가둘 수 있겠습니까? 하나님께서 당신의 마음을 그분으로 채우실 때, 이 세상은 정말 매우 작게 보일 것입니다. 주님, 나는 당신을 온 우주의 왕으로 사랑할 뿐만 아니라, 그냥 당신 자체를 사랑합니다. 그리고 나는 당신을 사랑하며, 당신만을 위하여 당신의 모든 백성들을 사랑합니다.

당신이 나와 하나가 되었습니다. 그래서 당신은 내 영의 영이시며, 내 생명의 생명이십니다. 내가 당신과 엉켜졌기 때문에, 나는 혼자서는 존재할 수 없습니다. 모든 사람들이 나를 버린다 할지라도, 나의 사랑이신 당신은 여전히 살아 계십니다. 그리고 나는 당신 안에 거할 것입니다.

이곳이 내가 핍박을 당할 때에 나 자신을 숨기는 깊은 우물입니다. 하나님 안에 잠기는 것이 얼마나 멋진 일인지 모릅니다! 오직 그분의 뜻을 행하기 위해 모든 것을 포기하는 것이 얼마나 기쁜 일인지 모릅니다!

더 이상 자신의 힘으로 살지 않고, 오직 하나님의 힘으로 살게 될 때에 당신이 얼마나 행복하게 될지 알고 있습니까?

누가 하나님으로부터 당신을 떼어놓을 수 있겠습니까? 그 누구도 절대로 아버지의 손에서 당신을 떼어놓을 수 없습니다. 당신이 하나님 아버지와 연합하기만 하면 모든 것이 만사형통입니다.

그리스도 안에서의 자유
(Liberty in Christ)

"아들이 너희를 자유케 하면, 저희가 진실로 자유케 될 것이다."

당신 안에서 죄에 속했던 옛 사람이 죽고 새 사람이 살아나게 될 때에, 당신은 새롭고 완벽한 자유를 경험할 것입니다. 새가 새장 밖으로 놓일 때와 같이, 당신은 밖으로 나가서 완전한 자유를 누리게 될 것이며, 측량할 수 없는 하나님의 높이와 깊이와 넓이를 경험하며 살게 될 것입니다.

옛 자아는 모든 방법을 동원하여 당신을 결박하려 할 것입니다. 그렇게 되면, 하나님조차도 그 안에 거하실 수 없게 되고, 하나님은 본래 자신의 것이었던 것을 빼앗기시게 됩니다. 사도 바울이 "누가 이 사망의 몸에서 나를 건져내랴?" 하고 질문하였을 때에, 그는 "우리 주 예수 그리스도로 말미암아 감사하노라"고 덧붙였습니다. 하나님의 은혜로 말미암아 당신의 마음속에 예수님을 위한 합당한 자리가 주어질 때에, 당신이 진정으로 자유함을 얻게 될 것입니다.

그러한 위대한 해방감을 맛보게 되었을 때에, 바울은 경이로움 속에서 "내가 사나 내가 아니요 내 안에 그리스도께서 사신 것이라"고 외쳤습니다. 그는 자기에게는 더 이상 관심이 없었습니다. 그는 자기 안에서 살기 위해 오셔서 일하시는 이 새 사람, 즉 예수 그리스도에게만 관심이 있었습니다. 사도 바울은 당신의 몸이 나아갈 방향을 당신이 조정하듯이, 예수 그리스도께서 그렇게 조종하시게 했습니다. 다른 사람이 당신의 몸을 조종하는 방향타 앞에 앉는다면, 당신의 몸은 이 새로운 조종사에게 복종할 것입니다. 이 조종사가 몸의 움직임들을 감독할 것입니다. 이와 같이 예수 그리스도는 당신의 새 사람을 따라 살아야 하는 생명이십니다. 누가 예수 그리스도보다 더 자유로우며 더 광대할 수 있습니까? 그분은 신성을 가지고 계시며 영원하시고 어떤 한계도 없으신 분입니다.

따라서 당신이 옛 사람에 집착할 때에 얼마나 비극적인 감옥살이를 하게 될지를 알 수 있습니다. 예수님 안에서 살아갈 때에 얻는 자유와 광대함을 맛보게 될 때에, 당신은 독사와 같은 그 옛 자아가 그리스도에 의해서 짓밟히게 되기를 원할 것입니다. 그때에 하나님의 생명이 첫 창조 때처럼 당신을 소생시키실 것입니다.

독수리 날개를 타고 날아다니면서 맛볼 수 있는 이 자유가 당신을 하나님의 심장으로 데려다 줄 것입니다. 예수님 위에 머물렀던 비둘기는 죄 없음의 상징이 아니라, 자유의 상징이었습니다. 예수님은 당신의 영을 높이 날아오르게 하셔서 하나님 안에서 거할 수 있는 자유를 주실 것입니다. 당신이 이 멋진 자유를 경험한다면 하나님께 큰 기쁨이 될 것입니다. 당신의 옛 사람을 포기하십시오. 그러면 당신은 모든 것의 모든 것 되시는 그분 안에서 형용할 수 없는 자유를 발견하게 될 것입니다.

즐겁게 하나님을 섬기십시오!
(Serve God Joyfully)

나는 자기 연민과 우울함이 당신 안에 들어설 수 있게 허용하지 말라고 경고하고 싶습니다. 어려운 시기를 통과할 때에 기분이 내려앉는 것이 매우 당연한 것처럼 보일지라도, 그러한 때에 미묘한 유혹이 끼어들기 쉽다는 것을 기억해야 합니다. 우울한 기분은 마음을 움츠러들게 합니다. 우울한 마음은 하나님이 줄 수 있는 은혜를 잘 받지 못하게 합니다. 그러한 마음은 실제보다 문제를 더 크게 보이게 함으로써 당신으로 하여금 그것을 견디기 힘들게 만듭니다. 나쁜 건강과 격려를 거의 하지 않는 나쁜 친구들은 문제를 더 힘들게 만들 뿐입니다. 당신은 그러한 어려운 일들을 허락하시는 하나님의 계획에 담긴 지혜를 보아야 합니다.

어린아이들을 다루는 두 가지 방법이 있습니다. 하나는 어린아이들이 원하는 모든 것을 그들이 원할 때마다 주는 것입니다. 또 다른 방법은 그들에게 유익한 것만을 주는 것입니다. 그렇게 하면 그들은 버릇없는 사람이 아닌, 성숙한 사람으로 자라게 될 것입니다. 지혜로운 당신의 아버지는 당신을 위해 가장 좋은 방법을 선택하고 계십니다.

슬픈 얼굴을 하는 것은 당신에게 도움이 되지 않을 뿐 아니라, 또한 다른 사람들을 믿음으로 인도하는 일에도 도움이 되지 않습니다. 당신은 기쁨으로 하나님을 섬겨야 합니다. 이러한 자세는 무슨 일이 일어날지라도 당신이 그분에게 속한 것으로 인하여 기뻐한다는 것을 보여줍니다. 그리스도의 멍에는 부담도 아니고 불편함을 주는 것도 아닙니다. 당신이 하나님을 기쁘게 해드리기 원한다면, 다른 사람들에게 유용한 사람이 되며 만족하는 삶을 사십시오. 우울한 기분을 몰아내십시오. 계속해서 당신의 문제에 붙잡혀 있는 것보다 해롭지 않은 오락들을 통하여 당신의 마음을 다른 곳으로 돌리는 것이 더 낫습니다.

내가 어렸을 때에, 나의 아버지의 조카(순교자로서 생애를 마친 하나님의 사람이었습니다)가 다음과 같이 말한 적이 있습니다. "하나님을 기쁘게 해드리지 않는 것을 두려워하며 사는 것보다 하나님을 기쁘게 해드리기 위해 노력하는 삶이 훨씬 낫다." 마음의 즐거움이나 행복한 표정을 짓는 작은 일들을 통해서라도, 하나님을 기쁘게 해드리며 그분을 영화롭게 하고자 하는 욕구가 당신의 영을 자극하게 하십시오.

하나님의 돌보심
(God's Care)

나는 당신이 하나님께서 당신을 얼마나 사랑하시는지를 깨닫기 원합니다. 화가가 무엇이든지 자신이 원하는 것을 캔버스 위에 그리는 것처럼, 하나님은 지금 내면의 십자가 처형을 통하여 당신을 그분의 형상대로 변형시키고 계십니다.

주님께서는 나뭇가지들이 약한 바람에도 흔들리는 것과 같이 당신이 그분의 뜻에 기꺼이 복종하기를 원하십니다. 당신이 자신을 하나님께 내어 맡길 때에 하나님께서 당신을 책임져 주실 것입니다. 당신을 기꺼이 그분에게 내어 드릴수록, 그분의 길을 발견하는 것이 그만큼 더 쉬워질 것입니다. 당신은 그분이 인도하는 곳은 어디라도 그분을 따라갈 것입니다. 당신이 실수를 하더라도 하나님은 그 실수를 부드럽게 지적해 주실 것입니다.

하나님께서 당신을 소유할 권리를 가지고 계신 것과 같이, 그분은 당신을 인도하고 지시하실 권리도 가지고 계십니다. 당신이 자신을 온전히 포기할 때에, 당신은 자신의 모양(shape)을 잃게 됩니다. 그러면 하나님께서 당신에게 주시기 원하는 모양을 취할 수 있게 됩니다. 물은 쏟아 부어지는 용기가 어떤 모양(shape)을 하고 있을지라도 그 용기를 채울 수 있습니다. 당신의 마음속에 어떤 저항도 없게 하십시오. 그러할 때에 당신의 영은 사랑이라는 대양 속에 잠기게 될 것입니다. 그냥 편안하게 떠 있으면서 쉼을 누리십시오.

표징을 구하지 마십시오
(Do not Seek After Signs)

나는 오늘날 수많은 사람들이, 심지어 선한 사람들조차 우리의 원수 사탄에 의해 잘못된 길로 인도받도록 스스로 허락하는 것을 보면서 마음의 고통을 감출 수 없습니다. 하나님께서 우리에게 "마지막 때에 있게 될 거짓 선지자들과 거짓 이적들"에 대해서 경고하시지 않았습니까? 모든 참 선지자들은 주님의 이름으로, 즉 "주님께서 이렇게 말씀하셨습니다"라고 말해 왔습니다. 우리의 적 사탄은 사람들이 특별한 징조들과 표적들과 이적들을 좋아하는 까닭에 커다란 유익을 누리고 있습니다. 사탄은 눈으로 보이는 표적들에 대한 사람들의 지나친 기대를 이용하여 하나님의 말씀과 믿음의 길에서 멀어지게 하고 있습니다.

하나님으로부터 오는 표적들은 당신을 고무시켜서 자신에 대해 죽을 수 있게 해줄 것입니다. 하나님으로부터 나오는 이적들은 당신을 겸손하게 하고 잠잠하게 하며 영적으로 성장하게 해줄 것입니다. 엘리야는 4백 명의 바알 선지자들 앞에 홀로 섰습니다. 이 바알 선지자들은 모두 동요된 상태로 요란하게 예언을 하며 많은 관심을 끌었습니다. 하지만 엘리야는 천사를 통해 호렙 산에서 하나님을 볼 것이라는 말을 들었을 때에, 가서 동굴 속에 숨었습니다. 그리고 땅이 진동하는 것을 보았습니다. 하나님은 거기에 계시지 않았습니다. 그 다음에 폭풍이 임했습니다. 하나님은 거기에도 계시지 않았습니다. 그 다음에 부드럽고 세미한 바람이 불어왔습니다. 하나님은 잠잠하고 작은 소리 안에 계셨습니다.

참되고 안전한 유일한 계시는 당신의 영혼이 조용할 때에 예수 그리스도께서 내적인 조명을 통하여 주시는 계시입니다.

"내 양은 내 목소리를 듣는다."

이것은 당신의 자유나 당신 속의 자연스러운 움직임들을 앗아가지 않을 것입니다. 오히려 당신과 하나님 사이의 아름다운 조화가 따라오게 될 것입니다.

단순하게 말하기
(Simply Speaking)

나는 하나님께서 내가 최근에 관찰한 어떤 사람으로부터 본성의 힘을 제거하기 원하신다는 것을 느낄 수 있었습니다. 그 사람이 말하는 것이 사실이고 그것이 그 사람의 영으로부터 나오는 것일지라도 그의 지성이 너무나도 강력해서 자신도 모르는 사이에 부드러운 은혜의 역사를 가로막고 있음을 느낄 수 있었습니다. 그로 인해 그가 말하는 진실들의 일부가 전달되지 못하고 있었습니다. 사람들은 강력한 논쟁이 아니라, 은혜로 가득 찬 마음에서 흐르는 기름부음, 혹은 사랑이라는 무기에 끌립니다.

당신이 말하는 진실들은 지성에 의해 너무 많이 분석되고 상상력에 의해 너무 세련되어지지는 않았습니까? 그러한 진실들은 단순성과 직접성이 결여되어 있기 때문에 진실의 효과를 거의 거두지 못할 것입니다. 어떤 노래처럼 그것들은 멋지게 들릴지는 모르지만, 사실상 다른 사람들의 마음에 도달하여 감동을 주지는 못할 것입니다. 거기에는 기름부음이 없습니다.

당신은 항상 교묘하거나 색다른 어떤 것을 말하기 위하여 고심하지는 않습니까? 당신은 뒤에 물러서서 단순한 진리가 스스로를 나타내게 하는 대신에 당신의 지적 능력을 과시하려 하지는 않습니까? 내가 말한 것을 곰곰이 생각해 보십시오. 그러면 빛이 많은 것들을 당신에게 조명해 줄 것입니다. 내가 너무 단순하게 말하고 있다고 생각하십니까? 나는 단지 진실만을 말하고 싶을 뿐입니다.

영적 교제
(Spiritual Fellowship)

그리스도 안에서 하나 된 영들의 연합은 매우 긴밀하며 대단히 소중한 것입니다. 예수님은 그것에 대해서 다음과 같이 아름다운 표현을 쓰셨습니다. "내 아버지의 뜻대로 행하는 자가 내 어머니며, 누이이며, 형제이다."

그리스도 안에서 이루어지는 영적 교제보다 더 강하고 더 순전한 것은 없습니다. 하늘에 있는 성도들은 하나님 안에서 서로를 그렇게 경험하고 있습니다. 성도들의 이러한 영적 교제는 하나님과 당신 사이의 관계를 방해하지 않으며, 오히려 당신으로 하여금 그분 안에서 그리고 그분을 통하여 다른 사람들을 더욱 알아가게 할 것입니다.

하나님께서 원하시는 모든 것에 계속적으로 "예"라고 대답하십시오. 당신이 하나님과 연합할 때에, "아니요"가 있을 수 없습니다. 다만 "예, 그렇게 되어지기를 원합니다"만 있을 뿐입니다. 그리고 그러한 "예"가 당신을 통하여 계속해서 메아리치게 하십시오. 이 "예"가 당신으로 하여금 당신이 사랑하는 주님의 뜻에 동의하며 맞추어 나가게 할 것입니다. 천사가 마리아에게 나타났을 때에, 그녀는 "주님의 계집종이오니 당신의 말씀대로 이루어지이다"라고 말하였습니다. 사무엘도 마찬가지였습니다. 그는 "당신의 종이 듣겠나이다. 말씀하소서"라고 했습니다. 주님도 마찬가지였습니다. "아버지, 나는 아버지의 뜻을 행하기 위해 왔나이다."

나는 영적 교제 속에서 당신의 것입니다.

인생의 여러 계절들
(Different Seasons)

어떤 사람의 외적 행동은 그 사람의 내면으로부터 흘러 나옵니다. 당신이 옛 자아 안에서 살아갈 때에, 강한 의지와 많은 욕심들을 소유할 것이며, 따라서 온갖 종류의 기복을 경험하게 될 것입니다. 당신의 뜻이 하나님의 뜻과 하나가 될 때에, 당신의 욕구들은 하나님의 통치 아래로 내려오게 될 것이며, 당신은 하나님과 뜻을 같이하게 될 것입니다.

하나님의 생명을 품고 성장함에 따라, 당신의 자연스럽고 이기적인 행동들이 서서히 줄어들 것입니다. 또한 당신의 감정에 덜 의존하게 되고, 감정적인 기복들을 덜 경험하게 될 것입니다.

하나님은 큰 수확도 주시고 기근도 주시며, 좋은 날씨도 주시고 흐린 날씨도 주십니다. 기분이 좋을 때나 처질 때, 그리고 평화로운 때나 고통스러운 때, 이러한 인생의 모든 계절은 각각 그 계절에 맞게 유익한 것들입니다. 이러한 다양한 계절들을 통하여 당신이 형성되고 성숙해지는 것입니다. 일 년에 다른 계절들이 있어야 하는 것과 같이, 인생의 계절들도 꼭 필요한 것들입니다. 당신의 상황 속에서 일어나는 각 변화들은(내적 변화이든 외적 변화이든) 당신의 믿음과 사랑에 대한 새로운 시험들입니다. 당신이 그것들을 사랑과 복종의 태도로 받아들일 때에, 그것들이 당신을 온전하게 하는 일에 도움을 줄 것입니다.

자신을 사랑이신 그분의 손에 맡기십시오. 그 사랑이 당신에게 당신의 위치를 바꾸라고 계속해서 요구할지라도 그 사랑은 변함이 없습니다. 당신이 어느 상태를 다른 상태보다 더 좋아하거나, 혹은 부족함보다 풍부함을 더 사랑하지는 않는지 주의하십시오. 하나님께서 당신에게 그와 정반대로 살아가라고 명령하실 수도 있을 것입니다. 당신이 하나님의 명령과 반대로 살아가고 있다면, 그것은 당신이 하나님보다 하나님의 선물들을 더 사랑하고 있다는 증거입니다.

하나님은 당신을 사랑하십니다. 이 사실이 당신 앞에 놓여 있는 상황들은 다 똑같다는 것을 인정하는 일에 도움이 되었으면 좋겠습니다. 그분이 기뻐하시는 대로 당신을 사용하게 하십시오. 당신이 바다에 던져져서 파도에 의해 그분의 품에 안기든지 혹은 모래 위에 던져지든지(이것은 당신의 삶이 황폐해졌다는 것을 의미한다) 모든 것이 당신에게 유익한 것입니다.

나는 주님께서 나를 위해 명령하시는 모든 것에 기뻐하고 있습니다. 나는 감옥에 갇히는 것뿐만 아니라 죽음까지도 맞을 준비가 되어 있습니다. 모든 곳에 위험이 도사리고 있습니다. 땅 위에도, 바다 위에도, 거짓 형제들 사이에도. 하지만 나와 영원히 연합하신 그분 안에서는 모든 것이 유익합니다.

인내함으로 문제들을 감당하십시오
(Patiently Bear Problems)

나의 사랑이 당신을 위로하는 데 도움이 될 수 있다면…. 나는 지금 당신을 향해 말로 표현할 수 없는 애틋한 사랑을 느끼고 있습니다. 나는 하나님께서 그분을 위해 당신의 전부를 원하신다는 것을 어느 때보다 더 확신하고 있습니다. 가능한 한 완전히 화해를 이루며 살아가십시오. 어떤 사람들이 당신에게 차갑게 대한 것과 화를 내며 경멸적인 행동을 보인 일들에 너무 집착하지 마십시오. 다른 사람들의 행동들이 당신의 행동을 결정하게 해서는 안 됩니다. 당신이 관심을 가져야 할 것은 오직 하나님을 영화롭게 하는 일뿐입니다.

기쁨보다 슬픔을 선호하셨던 예수 그리스도에 대한 사랑으로 당신의 문제들을 인내하십시오. 또한 누군가를 기쁘게 하려고 당신의 양심을 팔지는 마십시오. 지금 상황에서 자신을 기꺼이 희생하고자 하는 마음을 하나님에 대한 당신의 사랑을 나타내는 하나의 수단으로 여기십시오. 십자가(이것이 면류관입니다)를 거부하지 마십시오. 모든 일들이 당신의 기도 방에서 조용히 당신과 하나님 사이에서 해결되게 하십시오. 그러면 아무도 당신의 내적 고통을 보지 못할 것입니다. 당신이 매일 십자가를 질 때에 하나님께서 그분의 거대한 사랑으로 당신을 지탱해 주실 것임을 나는 확신합니다. 하나님은 당신과 함께하십니다. 따라서 당신에게 일어나는 모든 일들은 다 유익한 것입니다. 하나님은 당신을 사랑하십니다. 이 사실이 모든 문제들을 해결하게 하십시오.

하나님의 인도
(The Leading of God)

당신은 당신 안에서 행하시는 하나님의 인도하심과 자신의 생각이나 아이디어들을 어떻게 구별할 수 있냐고 물으셨지요? 불행히도 그것을 구별할 만한 뾰족한 방법은 없습니다. 구별할 수 있는 방법이 있다면, 당신이 변화되는 과정도 당신의 의도가 선하다는 가정 하에 훨씬 더 수월해질 것입니다. 당신은 완전히 자신을 포기했다는 의식과 불확실성 속에서 하나님과 함께 걸어가야 합니다. 당신은 이 내적 여정을 시작할 때 피할 수 없는 실수를 범하는 것을 두려워해서는 안 됩니다. 나는 또한 당신이 자신의 이성과 상식으로 이해할 수 있는 문제들을 놓고 거창하고 신적인 어떤 계시를 찾고 있다면, 스스로를 쉽게 기만당할 수 있는 위치에 올려놓는 것과 같다고 말하고 싶습니다.

믿는 자들은 선한 것이 하나님께로부터 오며, 선하지 않은 것은 자신으로부터 온다는 확신 속에서 단순하게 그리고 불확실성 가운데에서 행동해야 합니다. 당신의 활동은 줄어들면서 점점 더 정결해질 것입니다. 실수들도 점점 줄어들 것입니다. 당신은 당신 안에서 하나님께 속한 것들을 더 쉽게 지각하게 될 것입니다. 이것은 당신이 당신 안에 거하시는 주님께서 사용하실 도구로 점점 변화됨으로써 주님께 방해가 덜 되기 때문입니다. 당신 안에 거하시는 주님은 모든 지혜를 가지고 임박한 문제들을 해결하실 수 있습니다. 그분은 당신이 자신을 그분께 온전히 드릴 때에, 당신의 더욱 깊은 곳에 자리 잡으실 것입니다. "그들이 너희들을 왕과 관리들 앞에 데리고 갈 때에… 너희들이 무엇을 말해야 할지 그 순간에 알게 되리라."

하나님이 이런 식으로 당신을 인도하시기 때문에—한 번에 한순간씩— 그러한 인도하심은 당신을 자유롭게 하며, 당신이 어디에도 얽매이지 않게 해주며, 또한 하나님의 가장 가느다란 숨결에도 항상 반응할 수 있게 준비시켜 줄 것입니다. 당신 안의 이러한 숨결은 땅을 진동하는 회오리바람과는 다른 부드러운 미풍과 같습니다. 하나님께서 당신에게 앞으로 전하시려 하는 것에 대해서 안절부절못하지 말며, 그분의 뜻을 알 필요가 없으면 알려고 노력하지 마십시오. 이러한 문제들을 수년간 경험한 끝에, 나는 하나님께서 그분의 뜻에 따라 행동하기 원하시는 그때에, 그것을 알려주신다는 것을 발견했습니다.

당신이 하나님께 온전히 헌신한 후에 하나님의 뜻이 아닌 어떤 것을 시작하면, 당신은 약간의 후퇴를 당신 안에서 느끼게 될 것입니다. 그러면 그때 바로 멈추어야 합니다. 그러한 경고를 느끼지 못한다면, 그대로 믿음 안에서 계속 진행하십시오.

어머니들은 자녀들이 걷기 시작할 때에 주의 깊게 관찰합니다. 그러다가 자녀가 길을 벗어나면 돌아오라고 부를 것입니다. 당신의 영혼 안에서 들리는 이러한 부드러운 음성은 자녀가 위험에 빠지지 않도록 부르는 어머니의 음성과도 같습니다.

결함들을 다루는 방법
(Dealing with Faults)

최근에 나는 하나님께서 나와 함께하시는 것을 얼마나 기뻐하시는지 깨닫게 되었습니다. 그분은 그분과 자신의 영광과 관련하여 당신을 위한 무한한 계획들을 가지고 계십니다. 나는 하나님께서 당신을 데려가기 원하시는 장소를 분명히 보았다고 믿습니다. 나는 하나님께서 당신의 길에 있는 장애물들을 어떻게 사용하시는지 어느 정도 알고 있습니다. 우리 사이에 상당한 정도의 상호 신뢰와 공감이 존재함으로, 나는 우리가 서로에게 도움이 되는 것을 말함에 있어서 항상 개방적이고 자유롭기를 희망합니다.

당신이 내 경험의 "독특성"에 관하여 질문한 것에 답해 보겠습니다. 어떤 결함에 대하여 비난을 받을 때에 내가 별로 마음 상해하지 않는 것 같다고 당신이 말한 것으로 기억합니다. 내 대답은 간단합니다. 나는 내가 가진 결함들을 나의 아버지께서 쉽게 닦아내실 수 있는 얼룩과 같은 것으로 생각합니다.

내가 내 결함들에 무지하다고는 생각하지 마십시오. 그분의 진리의 빛 안에 거하는 삶은 매우 정확하고 날카로워서 가장 작은 결함이라도 드러날 것입니다. 본성에 의지해서 살아가는 사람들은 결함들을 가지고 있지만, 그것들을 변화시키기 위해 행할 수 있는 것이 아무것도 없습니다. 하나님에 의해 변화되는 사람들도 결함을 가지고 있지만, 그 흠들은 폭풍이 치는 동안에 모래 위에 쓰여진 것과 같습니다. 그러한 결함들이 드러나자마자 바람이 그 흔적을 제거해 버립니다. 하나님은 그분의 지혜로 자신과 연합하여 사는 사람들에게 이러한 방식으로 역사하십니다. 이것은 참으로 단순한 진리가 아닙니까? 이것은 너무도 단순합니다. 하지만 세상은 이것을 이해하지 못하고 있는 것 같습니다.

성령을 소멸하기
(Quenching the Spirit)

 전에 하나님께서 어떻게 인도하시는가에 대해 이야기를 나누면서 나는 당신이 잘 받아들이지 못하는 것 같은 어떤 것을 설명하려 했습니다. 즉시, 나는 당신이 거부하고 있기에 더는 말하지 않는 것이 좋겠다고 느꼈습니다. 이것을 통하여 내가 배운 것은 다른 사람들을 돕기 원하시는 성령님이 얼마나 부드럽고 다정하신가 하는 것이었습니다. 그리고 인간의 자유가 지닌 힘이 그러한 도움을 어떻게 거부할 수 있는지에 대해서도 배울 수 있었습니다.

 나는 또한 누구도 도울 수 없는 내 자신의 무능함을 깨닫게 되었습니다. 내 안에 계신 성령님이 잠잠해지자마자 나는 내 안에 더 이상 말할 것이 없다는 것을 깨달았습니다. 나는 나를 인도하시는 분이 성령님이라는 사실에 대단히 기쁩니다. 왜냐하면 나는 그분으로부터 나오지 않은 어떤 것을 가지고 당신을 납득시키고 싶지 않기 때문입니다.

나는 이제 순전하신 성령님이 얼마나 빨리 소멸되실 수 있는지를 알게 되었습니다. 우리가 경솔하거나 충동적일 때 고요하고 부드러운 하나님의 역사를 소멸시킬 수 있습니다.

자신을 십자가에 못 박으십시오
(The Crucifixion of Self)

그리스도인들 안에서 생성되는 모든 은혜는 자신의 죽음으로부터 흘러나옵니다. 이렇게 흘러넘치는 풍성한 삶을 지연시키는 시련과 고통들을 잘 인내하십시오. 많은 혼란과 불확실함 속에서 고난 받을 때, 당신이 당하는 고난은 더욱 인내하기가 힘들 것입니다.

자신을 인내할 뿐 아니라, 당신이 받아들이기 너무 힘든 성격과 감정을 가진 다른 사람들을 인내하기 위해서는 무한한 인내가 필요합니다. 우리가 이 땅에서 사는 한 우리의 기분을 상하게 하는 일이 일어날 것입니다. 그러한 것들을 조용히 인내하며, 은혜의 성령께로 가져가십시오. 당신은 인간이기 때문에 여전히 환경의 영향을 받을 것입니다.

당신이 참 십자가(하나님께서 우리를 위해 허락하시는 고통)를 귀한 것으로 여긴다면, 매일의 삶 속에서 만날 수 있는 모든 불쾌한 상황들이 그 십자가에 대한 참 용납의 부분이라는 것을 기억하십시오. 당신의 문제들에 대해 불평함으로써 삶 속에서 나타나는 십자가의 역사를 헛되게 하지 마십시오. 시련들을 환영하십시오. 왜냐하면, 그것들은 당신이 어떤 존재인지를 가르쳐 줄 것이며, 또한 자신을 부인하고 자신이 모든 소유물 중에서 가장 위험한 것이라는 것을 깨닫도록 인도할 것이기 때문입니다.

당신의 형제에게 안부를 전해 주십시오. 나는 하나님께서 그 형제에게 힘을 더해 주시기를 기도합니다. 나는 그가 당하는 고난들을 참으로 안타까워하고 있습니다. 나는 지금 내가 실제로 느끼고 있는 것보다 더 고상하게 말하고 있습니다. 나는 핍박을 받는 것과 부와 명성을 잃는 것이 우리를 그리스도께 연합시키는 가장 좋은 도구라고 확신하고 있습니다. 악하게 보이는 것들을 포함하여 모든 것들이 우리를 모든 것의 모든 것이 되시는 분에게로 연합시킬 때에 위대한 축복들이 됩니다.

나의 육체는 여전히 연약합니다. 하지만 내 영혼의 깊은 곳에서는 모든 것이 건강합니다. 하나님이 거기에 계시기 때문입니다.

다른 사람들을 시정해 주기
(Correcting Others)

다른 사람들을 시정해 주려 할 때에는 자비로운 마음으로 매우 조심스럽게 하는 것이 중요합니다. 당신이 어떤 사람과 혼자 있을 때에만 말하고, 또한 그렇게 하는 시간이 하나님의 타이밍과 일치한다고 느낄 때에만 말하십시오. 당신도 결함이 있다는 것을 기억하고 다른 사람들로부터 너무 많은 것을 기대하지 마십시오. 겸손하여 어린아이처럼 되십시오. 그러면 다른 사람들이 당신이 말하고자 하는 것을 더 잘 들을 것입니다. 예수 그리스도는 자비와 인내가 넘치는 분이었습니다. 그분은 완전치 못한 제자들, 심지어 유다까지도 분노나 비통한 마음이나 냉담함 없이 인내하며 받아 주셨습니다.

예수님께서 얼마나 낮은 자로 사셨는지요! 그분은 "상한 갈대를 꺾지 않으셨습니다." 예수님은 독재자처럼 행동하지 않으셨습니다. 따라서 그의 제자들도 그래야 합니다. 그분의 백성들은 다른 사람들을 다루는 데 있어서 강압적인 자세를 취해서는 안 됩니다. 우리는 요한과 같이 "이 세상 죄를 지고 가는 하나님의 어린 양을 보라"고 말해야 합니다.

"천지의 주재이신 아버지여 이것을 지혜롭고 슬기 있는 자들에게는 숨기시고 어린아이들에게는 나타내심을 감사하나이다"라고 말씀하셨을 때에, 주님은 우리가 성경의 다른 어느 곳에서 발견할 수 없는 그러한 "기쁨을 맛보셨습니다." 우리는 어린아이와 함께 있을 때에 얼마나 행복하고 편안한지 모릅니다. 아이들은 우리 안에 두려움을 불어넣지 않기 때문입니다. 우리는 어린아이와 같이 온유하고 자비롭고 순수한 마음으로 다른 사람들을 도와야 합니다.

고요한 은혜의 역사
(Silent Work of Grace)

편지에 언급하지는 않았지만, 나는 당신이 은혜가 어떻게 영에서 영으로 전달될 수 있는지에 대해 질문하고 있는 것을 알게 되었습니다. 우리는 이러한 예를 주님을 만졌던 한 여인에게서 찾아볼 수 있습니다. 주님은 그때에 "능력이 내게서 나간 줄을 내가 안다"고 말씀하셨습니다.

이와 마찬가지로, 당신도 하나님께서 당신에게 은혜를 주실 때에 다른 사람들에게 말없이 은혜를 전달할 수 있습니다. 하지만 다른 사람들이 그 은혜를 받을 만한 상태에 있어야 합니다. 그렇지 않으면, 그 은혜가 되돌아올 것입니다. 성경이 전하여 주는 것과 같이, "그들이 평화의 자녀들이 아니라면, 당신의 평화가 당신에게로 되돌아올 것입니다."

나는 이것이 믿는 자들 사이에서 일어날 수 있는 하나님의 은혜의 내적 교통을 보여주고 있다고 생각합니다. 그러한 교통은 고요한 중에 경험되며, 고요함은 종종 많은 대화보다 더 효과적입니다.

나는 지난 번에 대화를 나누는 동안, 침묵을 지키고 싶었습니다. 하지만 당신은 이것을 매우 힘들어하는 것같이 보였습니다. 그래서 나는 계속 대화를 이어갔습니다. 침묵을 지켰더라면 내적으로 나에게 훨씬 더 좋았을 것입니다. 왜냐하면 내 말이 당신에게 도움이 된다는 생각이 들지 않았기 때문입니다. 하나님은 때로 침묵을 통하여 역사하신다는 것을 당신에게 가르치기 원하십니다. 이 은혜는 영에서 영으로 전달됩니다. 하지만 이것은 받을 준비가 되어 있는 사람들만 받아들일 수 있습니다. 이것은 종종 당신을 세워 주는 데 있어서 말보다 더 효과적입니다.

우리는 이러한 조화를 자연 속에서도 발견합니다. 태양과 달과 별들은 고요한 중에 빛을 발합니다. 하나님의 음성은 영이 고요할 때에 들려옵니다. 은혜의 역사 또한 고요합니다. 그것이 하나님으로부터 오기 때문입니다. 은혜가 말이라는 소음 없이 영에서 영으로 전달될 수 없겠습니까? 나는 모든 그리스도인들이 하나님 앞에서 잠잠한 것이 무엇을 뜻하는지 분명히 알았으면 좋겠습니다.

편집자 주 : 이 편지 안에서 저자는 환상이나 예언이나 표적들에 대해서 말하는 것이 아니라, 믿는 자와 믿는 자들 사이의 단순한 영적 교제와, 믿는 자들이 서로에게 줄 수 있는 격려에 대해 말하고 있다.

자신에 대한 통제력을 잃는 위험을 감수하십시오
(Risk Losing Control)

나는 은혜로 영의 영역을 넓히라고 당신에게 권고하고 싶습니다. 순종하지 않으면, 당신의 영은 오그라들어서 모든 사람, 특별히 당신과 같지 않은 사람들을 향하여 가져야만 하는 개방성에 방해가 될 것입니다. 당신이 개방적이고 솔직하다면 사람들의 신뢰를 얻는 것이 더 쉬울 것입니다.

다른 사람들에 대해 관심을 갖지 못할 만큼 자신에게 너무 집착하지 마십시오. 당신이 장점이라고 생각하는 것들을 하나님께서는 약점들로 보실 수도 있습니다. 당신 안에 더 선명한 빛이 있기까지, 당신은 어떠한 것들을 하나님이 보시는 것과 같이 보지 못할 것입니다.

당신은 어떤 친구들을 사귀고, 어떤 경험들을 할 것인가를 스스로 미리 설정해 놓는 것 같습니다. 그리고 상처 받지 않거나 통제력을 잃지 않기 위해서 그러한 범주 밖으로 나가는 것을 두려워하는 것 같습니다. 당신이 계속해서 자신의 삶을 통제하려 고집한다면, 주님은 당신으로 하여금 그 통제력을 포기하도록 몰고 가지 않으실 것입니다. 당신이 진보하고 있는 것 같은 동안에도, 사실은 "원 둘레를 돌고 있을" 뿐입니다. 그 원이 무엇으로 가득 채워져 있는지 아십니까? 바로 자신(the self)입니다. 나는 당신에게 스스로를 위해 설정해 놓은 작은 경계들을 넘어가라고 부탁하고 싶습니다.

당신이 가장 좋다고 생각하는 것이 아니라, 하나님의 뜻과 방법으로 인도함을 받으십시오. 이렇게 함으로써 당신은 더 행복해질 뿐 아니라, 더 유능한 삶을 살게 될 것입니다. 내가 이렇게 강하게 부탁드리는 것은 내가 그만큼 당신을 사랑하기 때문입니다.

하나님으로 하여금 당신의 마음을 지배하는 주인이 되게 하십시오. 그분께서 당신에게 가르치시는 것에 개방적인 태도를 취하십시오. 그러한 가르침의 말씀들이 하나님으로부터 직접 오든지, 아니면 다른 사람을 통해 오든지는 상관이 없습니다.

믿는 자 안에서 일어나는 하나님의 역사
(God's Work in the Believer)

　당신이 극단적인 사건이나 커다란 시련들을 통하여 정화될 것이라고 생각하지 마십시오. 하나님께서 추구하시는 것은 당신이 어린아이와 같이 당신의 의지를 항상 그분께 드릴 준비가 되어 있는 것입니다. 당신은 본성적으로 자신의 사고 능력을 자랑하지만, 하나님은 종종 당신의 생각과 정반대되는 길로 인도하실 것입니다. 따라서 당신은 당신의 의지에 관하여 어린아이와 같아야 합니다.

　우리가 "의지의 죽음"이라고 부르는 것은 당신의 의지를 그분의 의지 안으로 건네 드리는 것입니다. 그것은 그와 같이 단순합니다. 당신의 의지는 당신의 외적 행동들을 통제하려 할 때뿐만 아니라, 내면의 욕구들과 연결될 때에도 변화되어야만 합니다. 그리스도를 따르는 많은 사람들이 이 부분에서 중단합니다. 그들은 육체적인 본성을 온전히 마비시킬 수 있는 십자가의 내적 경험을 하려 하지 않습니다.

자아(self)가 믿는 자들의 삶 속에서 잘 다스려지지 않은 채 남아 있을 때에, 당신은 종교적 괴물이 어떻게 생성되는지를 쉽게 볼 수 있습니다. 당신이 세속적인 것을 경멸하는 것은 가능하지만, 그럼에도 당신은 여전히 자아로 가득 차 있습니다. 당신은 사람들이 명백한 악이라고 간주하는 것들을 행하지 않을지 모르지만, 내면에서는 여전히 본질적인 자아의 본성이 강력하게 살아 활동하고 있습니다.

하나님은 당신이 그분에게 온전히 복종하면 당신의 삶 속에서 온화하고 강력한 권위를 갖고 그분의 뜻을 성취하실 것입니다. 당신이 당신 안에서 행하시는 그분의 일에 동의할 때에, 당신은 따스하게 지탱해 주시는 그분의 손길을 느낄 수 있을 것입니다. 하나님은 그분께 동의하라고 당신을 강요하시지 않습니다. 오히려 그분은 당신이 위험한 벼랑을 가로지르더라도 그분을 기쁘게 따르기를 원하십니다. 당신의 주님은 선하시며, 그분이 당신과 관계하는 방법도 선합니다. 이것을 알 때에, 당신은 그분이 가는 곳은 어디라도 빨리 쫓아가기를 원할 것입니다.

기꺼이 그분에게 모든 것을 맡기십시오. 이렇게 하는 것이 당신이 진보해 나가는 데 절대적으로 필요한 것입니다.

그리고 그러한 자원하는 마음까지도 당신 안에서 일하시는 하나님의 역사라는 것을 기억하십시오. 그분의 가르침과 인도하심에 순종하는 자들은 행복한 사람들입니다.

하나님과 동행을 시작하는 초창기에는 하나님께서 당신이 합리적으로 보이는 것을 따르는 것을 허락하십니다. 그러면서 당신은 점점 더 충만한 믿음을 가지고 걷는 것을 배우게 됩니다. 하나님은 당신이 미지의 길들을 통과해 가는 동안 마치 시각 장애인인 것처럼 인도하시며, 결국 예수 그리스도의 지혜 안으로 들어가게 해주십니다. 그 미지의 길을 걸어갈 때에, 당신은 하나님과 멀어졌다고 생각하면서 스스로 살아가도록 버림받았다고 느낄 수도 있을 것입니다. 다행히, 이러한 생각에 반격할 수 있는 것으로, 당신이 진정 그분께 속해 있다는 증언이 당신의 영혼 깊숙한 곳에 간직되어 있습니다.

인간의 지혜는 소용이 없습니다. 당신을 온전히 성숙한 길로 인도하는 것은 예수 그리스도의 지혜입니다. 당신의 의지를 하나님께 일단 드리고 나면, 만족하게 될 것입니다. 왜냐하면 비로소 당신의 의지가 올바른 장소에 놓였기 때문입니다. 중요한 것은 당신의 의지가 그 자리에 머무르게 하고, 당신의 삶을 지배하던 이전의 자리로 돌아가지 않도록 주의하는 것입니다. 때로 당신의 이성이 하나님께 대한 당신의 전적인 복종에 격렬한 반항을 보일 것입니다. 그러면 당신은 놀라서 다시 이전으로 돌아가고 싶어지기도 할 것입니다. 하지만 일단 당신의 옛 자아가 가져다주는 쓸데없는 고난들을 경험한 후에는, 자신을 그분의 사랑의 조류에 내맡기려 할 것입니다. 이러한 일이 일어난 후에는 더 이상의 갈등이 없을 것입니다. 왜냐하면 당신은 올바른 장소, 즉 하나님 앞에서 살아가고 있을 것이기 때문입니다.

때로 이 자연스러운 평안의 장소가 당신에게 익숙했던 것과 매우 달라서 두렵거나 걱정이 되기도 할 것입니다. 하지만 하나님 안에서 한 피조물이 된다는 것이 어떠한 것인지를 경험할 때에, 당신은 어떤 단순함과 순결함과 성장이 당신을 기다리고 있는지를 보게 될 것입니다. 당신이 하나님께 복종하였으므로, 다른 어떤 것도 당신에게 아무런 주장을 하지 못할 것입니다.

하나님은 자원하지 않는 마음을 침범하거나, 믿는 자들을 억압하지 않는다는 것을 기억하십시오. 당신이 경험하는 혼란은 하나님께서 성취하시고자 하는 것에 대한 당신의 저항입니다. 그분의 길에 방해가 되는 모든 것을 내려놓을 때에, 당신은 그분 안으로 휩쓸려 들어가는 자신을 발견할 것입니다. 이것이 자아에 대한 죽음이라고 불리는 것입니다. 하지만 사실 이 용어는 모순된 말입니다. 왜냐하면 이러한 일이 일어날 때에 당신의 영은 큰 활기를 띠기 때문입니다. 당신의 영은 참 생명, 즉 하나님의 생명을 가지고 살아가게 됩니다.

당신의 의지가 하나님의 의지 안에 묻히게 될 때에, 당신은 여전히 목적들을 가지고 있지만, 그 목적들은 하나님의 욕구들이며, 당신과는 아무런 관계가 없습니다. 하나님께서 영혼의 보좌에 앉으셔서 통치하십니다. 그리고 그분께 속하지 않은 모든 것들은 그분의 현존 안에서 녹아 버립니다. 하나님과의 더 깊은 연합으로 나아갈 때에, 당신은 그분에 의해 변화되고 변형됩니다. 이것은 당신의 의지가 소멸되었다는 의미이며, 하나님의 의지를 위한 공간이 마련되었다는 의미입니다.

예수님을 점점 더 닮아감에 따라, 당신은 그분의 마음을 취하기 시작할 것입니다. 당신과 같은 여정을 가고 있는 다른 사람들과 교제하고 싶은 마음이 그분 안에 있습니다. 이것은 강으로 흘러 들어가는 시냇물과 같습니다. 그 순간부터 시냇물은 강이 흐르는 곳으로 흘러갑니다. 하나님과도 같은 이 강은 모든 작은 강들(당신과 나)이 사랑이라는 대양에 잠기게 될 때까지 모두를 자신 안으로 끌어들입니다. 각각의 시냇물은 자체의 생명을 가지고 있지 않습니다. 그것들은 각각의 근원으로부터 흘러나와서 근원으로 흘러갑니다. 그곳에서 당신은 당신의 진정한 목적을 발견하게 될 것입니다. 그것은 바로 하나님과의 연합입니다. 예수 그리스도께서 말씀하셨듯이 "우리 안에서의 하나 됨"입니다(요 17:21).

이 진리 안에 어떤 실체가 담겨 있습니까? 그것을 이해한다면 당신은 참으로 복된 사람일 것입니다. 많은 사람들이 강을 따라 걷고 있지만, 강물 속으로 뛰어들려 하지 않습니다. 하지만 강물 속으로 기꺼이 뛰어드는 사람들이 있으며, 그들은 하나님의 풍성한 사랑 안에서 함께 흐르게 됩니다.

이것은 내가 지어낸 말이 아닙니다. 이것은 하나님께서 우리를 창조하셨을 때에 그분의 마음속에 있었던 것입니다. 그리스도인들의 삶 속에 있는 모든 것들은 이러한 영광스러운 목적, 즉 그분과 연합하는 것을 지향하고 있습니다. 여기에 마음을 황홀하게 하며, 영을 차고 넘치게 하는 빛이 있습니다. 그분의 빛이 당신을 쫓고 있습니다. 그리고 당신이 그 빛 안에서 더욱 깊이 걸어갈 때에, 그 빛이 서서히 드러날 것입니다.

이것은 당신이 자신의 지혜를 버리고, 하나님을 당신의 모든 것으로 인정할 때에 그분이 가르쳐 주시는 참 믿음, 살아 있는 믿음입니다. 이것이 지혜의 법칙입니다. 이것이 당신 안에 계신 주님의 방법입니다.

피상적인 사람들과는
어떤 교제도 하지 마십시오
(No Fellowship with the Superficial)

나에게 커다란 고통을 안겨 주는 사람들이 몇몇 있습니다. 그들은 이기적이며, 타협적이고, 기괴한 생각들과 인간적인 사고들로 가득 찬 사람들입니다. 그뿐만 아니라 그들은 다른 사람들이 그들의 방법들을 좋아하고 승인해 주기를 원합니다. 그러한 사람들은 자기 사랑이 한껏 채워지기를 원합니다. 나는 이러한 일을 할 수 없습니다. 내가 그렇게 하려 해도, 나보다 더 강력하신 주님이 나를 억제시키실 것입니다.

피상적인 관계들이 영혼을 약화시킵니다. 그것들은 믿는 자들 사이에서 관계를 세워 주기보다 오히려 무너뜨리는 일을 합니다. 그 안에는 상호 교화를 통한 따뜻함이 있기보다,

서로 부딪히는 충돌이 있을 뿐입니다.

당신의 영혼 안에 머무는 사랑은 자연적인 사랑이 아닙니다. 그것은 내면 깊은 곳에서 흘러나옵니다. 당신 안에 거하시는 주님은 자기의 본성에 맞지 않는 모든 것을 거부하십니다. 그분은 하나님의 마음과 양립하지 않는 모든 것을 몰아내십니다.

반면에, 하나님을 향한 마음을 가진 사람을 만날 때, 당신과 그 사람 사이에는 자연스러운 혹은 초자연적인 끌림이 있을 것입니다.

사람들의 외적 상태가 아닌 내적 상태에 주목하십시오! 그들이 하나님과 온전한 연합의 상태를 갈망하는지 눈여겨 보십시오. 유일한 온전한 교제는 하나님 안에서의 영적인 연합입니다. 이 연합은 하늘에만 존재하는 것이 아닙니다. 이것은 부활의 생명의 능력이 믿는 자들을 변화시키기 시작할 때에 이 땅에도 존재할 수 있습니다.

절망하지 마십시오
(Do not Give in to Discouragement)

당신의 진보가 느리게 보일 때에도 낙담하지 마십시오. 자아 사랑(self love)이 너무도 강력하기 때문에 자신에 대해 죽는 과정에는 오랜 시간이 필요합니다. 자아(self)는 숨을 장소를 많이 가지고 있습니다. 자아는 당신의 본성과 깊이 엮여 있습니다. 그리고 당신은 오랫동안 자신의 방법대로 살아옴으로써 자아가 강하게 자라도록 했습니다. 즉시 변화될 것을 기대하지 마십시오. 인내하면서 그 일이 한 번에 조금씩 성취되게 하십시오. 당신의 진보는 직접적인 노력을 통해서는 일어나지 않을 것입니다. 자신의 노력을 포기하고, 잠잠히 기다리며, 혼자 그것을 이루려 노력하지 마십시오.

하나님과의 깊은 연합으로 들어가는 일이 방안으로 들어

가는 것만큼 쉽다면, 많은 사람들이 기꺼이 그렇게 하려 할 것입니다. 생명으로 인도하는 문은 먼저 많은 죽음으로 인도합니다. 내가 말하는 죽음은 자아에 대한 죽음입니다. 이렇게 오랜 시일에 걸쳐 옛 자아에 대해 죽는 동안 당신의 내면에서는 많은 고통이 야기될 것입니다. 자아에 대해 기꺼이 온전히 죽으려 하는 사람들을 찾아보기가 쉽지 않습니다. 따라서 가장 높은 은혜의 경지에 이르는 사람이 거의 없습니다.

용기를 내십시오. 큰 배를 정박지에서 진수시키는 것은 힘든 일입니다. 하지만 배가 일단 대양 위에 뜨기만 하면, 쉽게 앞으로 나아갑니다. 자아의 본성이 인내를 통하여 정복되기만 하면, 당신은 큰 기쁨을 맛보게 될 것입니다. 당신은 풍성한 은혜의 강물 안에 있는 자신을 발견할 것입니다. 나는 하나님께서 이러한 일을 하실 수 있도록 당신이 준비되기를 기도합니다. 그분이 이루실 것입니다!

인간의 약점
(Human Weakness)

나는 우리의 우정으로 인하여 매우 기뻐하고 있습니다. 내가 당신을 어떤 식으로든 섬길 수 있는 것에 얼마나 행복해하고 있는지 당신에게 알려주고 싶습니다.

하나님께서 당신을 연약한 상태로 살아가게 하실 때에는, 당신의 힘으로 사는 것보다 연약한 상태로 남아 있는 것이 훨씬 낫습니다. 나는 한때 가장 영적인 그리스도인은 흠이 없는 사람일 것이라고 생각했지만, 이제는 다른 의견을 가지고 있습니다. 하나님은 당신이 보고 겸손해질 수 있도록 어떤 인간적인 결함들을 허락하십니다. 그뿐만 아니라, 당신의 결함을 통하여 이 세상의 변덕스러운 눈총들로부터 당신을 숨기기도 하십니다. 악한 헤롯의 성전은 금으로 장식되어 있었지만, 하나님의 영광을 담고 있었던 회막은 볼품없는 동물 가죽들로 덮여 있었습니다.

당신의 인간적인 약점이나 실패들에 지나치게 신경 쓰지 마십시오. 그것은 당신을 위한 하나님의 계획의 한 부분일 뿐입니다. 아이처럼 되십시오. 아이는 넘어지면 스스로 일어날 수 없기 때문에 그를 위해 모든 것을 해줄 수 있는 사람을 의지합니다.

당신이 하나님의 임재를 더 잘 인식하느냐 못하느냐는 당신에게 달려 있지 않습니다. 하나님의 임재를 항상 느끼고자 하는 욕구까지도 하나님의 뜻에 못 박으십시오. 당신에게 주어진 것을 취하십시오. 자연스럽게 그리고 신뢰하면서 먹고 자고 성장하는 아이처럼 되십시오. 하나님은 당신의 성장을 위하여 가장 좋은 음식을 주십니다. 하지만 그것이 항상 달콤한 것만은 아닙니다.

영적 진보
(Spiritual Progress)

영적으로 성장해 감에 따라 당신은 자신에 대한 관심뿐만 아니라, 하나님을 제외한 다른 모든 것에 대한 관심도 잊게 될 것입니다. 당신은 이 땅에 계셨던 예수 그리스도에 대하여 가졌을지도 모르는 어떤 인위적인 생각들까지도 내려놓을 것입니다. 그리스도 안으로 더 깊이 이끌려 들어갈수록, 그분이 매우 가까이 계시기 때문에 옛 방식들로는 어떠한 것도 볼 수 없게 될 것입니다. 이것은 당신이 그분과 온전한 연합으로 나아가고 있기 때문입니다. 당신의 모든 옛 생각들을 하나님께서 지시하시는 대로 처리하십시오. 이러한 종교적인 생각들을 버림으로써 무엇을 잃고 있다는 생각이 든다면, 당신이 잃은 모든 것으로 인하여, 그리고 하나님과의 더 깊은 연합을 통하여 더 많은 것을 얻었다는 것을 발견하고 기쁨에 잠기게 될 것입니다. 하나님께서 당신을 그분 안으로 더 깊이 끌어들이실 때에, 당신은 이러한 것들을 계속적으로 경험하게 될 것이며, 그것들을 위해 애쓰지 않아도 될 것입니다. 인생을 마음대로 살아간다면, 그것은 자신이 인생의 중심인 것처럼 행동하는 것과 같습니다. 하지만 하나님과 연합하게 됨에 따라, 당신은 그분을 인생의 중심으로 모시기 시작할 것입니다. 모든 것이 그분을 중심으로 돌아가고 있습니다. 당신은 자신이 어떻게 하나님과 연합하게 되었는지 보게 될 것이며, 서서히 그분께서 바라보시는 대로 자신을 바라보게 될 것입니다. 다윗이 "당신의 빛 안에서 빛을 봅니다"라고 말한 것이 바로 이런 의미입니다.

내가 말하고자 하는 것을 당신이 이해할 수 있게 해주시기를 기도합니다. 나는 어떤 것도 감추지 않고 있습니다. 나는 내가 생각하는 모든 것을 당신에게 자유롭게 이야기하고 있습니다. 심지어 작은 것이라도 자신을 위해 감추는 것은 희미한 거울과도 같습니다. 그것은 하나님을 이해하는 데 있어서 방해가 됩니다. 깨끗하고 투명해지기 위해 힘쓰십시오. 그것이 하나님께서 원하시는 것입니다. 당신이 하나님의 뜻을 행할 때에, 당신은 그 어느 때보다 더 깨끗하고 투명해질 것입니다. 하나님께서 당신에게 모든 것의 모든 것이 되시기를 기원합니다.

영적 가난
(Spiritual Poverty)

자신을 다른 사람들과 비교하지 마십시오. 왜냐하면 그들은 당신이 인도함을 받는 것처럼 인도받지 않을 수도 있기 때문입니다. 하나님은 어떤 사람들에게는 아주 멋진 선물들을 주기로 선택하시지만, 그분은 당신을 선택하셔서 모든 것을 빼앗으시고 영적 가난의 가장 깊은 것을 맛보게 하셨습니다. 자신의 철저한 영적 가난과 자신의 힘으로는 아무것도 할 수 없다는 무능력을 깨닫게 될 때에, 당신은 자신의 본성을 포기하게 됩니다. 이러한 자기 포기 없이는 예수 그리스도의 제자가 될 수 없습니다.

당신이 어떠한 통찰력과 계시를 가지고 있을지라도, 당신의 삶에 하나님이 절대적으로 필요하다는 것을 아는 것과는 비교할 수 없습니다. 또 스스로 할 수 있는 것이 아무것도 없다는 것을 깨닫는 것보다 더 위대한 계시는 없습니다. 어느 성도가 이 수준에 이르게 되면, 하나님은 그가 오직 하나님만 바라볼 수 있게 하시려고 그의 모든 것을 취하십니다. 당신이 이 수준에 이르게 되면 적의 침입으로부터 보호를 받게 됩니다. 왜냐하면, 우리의 원수 사탄은 자아의 성질이 남아 있는 곳에만 도달할 수 있을 뿐, 하나님 안에 숨겨진 것에는 도달할 수 없기 때문입니다.

하나님은 자신을 위해 당신을 선택하셨습니다. 당신은 언약궤가 놓여 있는 가장 깊은 성소인 지성소와 같습니다. 언약궤는 하나님의 뜻을 상징합니다. 이 성소는 당신 안에 있는 거룩한 곳으로, 하나님의 영광의 구름이 완전히 둘러싸고 있습니다.

이 영적 가난이 얼마나 근사한 것인지 모릅니다. 왜냐하면 그것은 하나님께서 당신에게 주실 수 있는 가장 좋은 선물들을 위해 당신을 준비시켜 주기 때문입니다. 당신은 지금까지 얼마나 많은 여정을 지나왔는지로 자신을 평가하지 마십시오. 다만 당신 앞에 얼마나 더 많은 여정이 놓여 있는지에 초점을 맞추십시오. 아직 당신이 통과해야 할 위대한 한 여정이 남아 있습니다. 그 여정(road)은 바로 길(the Way) 되신 하나님 자신이십니다. 당신이 당신을 위한 하나님의 가장 고귀한 목적 안으로 들어갈수록, 자신을 더욱 사랑하게 될 것입니다.

영적 도움
(Spiritual Help)

 나는 지난밤에 당신을 위해 기도하면서 잠을 이룰 수 없었습니다. 나는 우리가 함께 나눈 대화 가운데 하나님께서 당신을 돕고 계신다는 내적 확신을 갖게 되었습니다. 그분은 한편으로는 당신을 높이시면서, 다른 한편으로는 그분의 은혜를 다른 사람을 통하여 전달하심으로써 당신을 깎아내리십니다. 이러한 계시의 방법은 하나님께서 자신의 영광을 위하여 고안하신 것입니다.

 당신이 영적 순례를 시작하려 할 때에, 하나님은 당신에게 은혜를 전달하기 위한 방법으로 다른 사람들을 자주 사용하실 수 있습니다. 당신이 성숙해짐에 따라 그분으로부터 어떠한 것들을 직접 받는 것이 더 쉬워질 것입니다. 당신에게 전달하시는 하나님의 이러한 방법은 더 큰 샘이 자기보다 더 작은 샘으로 넘쳐흐르는 것과 같습니다. 혹은 바다로 흘러가는 가운데 합류하는 두 강물과도 같습니다. 그러니 풍성한 그리스도의 사랑으로 부족한 저를 받아 주십시오.

하나님의 말씀을 경험하기
(Experiencing the Word)

당신은 내가 하나님의 말씀을 설명할 때에 왜 신학적인 용어를 사용하지 않느냐고 물었지요? 왜냐하면 주님께서 나에게 복음처럼 심오한 것이 없는 반면에 또한 복음처럼 단순한 것도 없다는 것을 가르쳐 주셨기 때문입니다. 더욱이 당신이 단순한 사람이라면 자신을 단순하게 표현할 것입니다. 당신이 경험한 것 이상의 어떤 것에 대해 말하려 할 때에 당신은 그것을 설명하는 것이 매우 어렵다는 것을 발견하게 될 것입니다. 또한 당신은 다른 사람들이 말한 것을 인용할 수밖에 없을 것이며, 결국 그것을 어색하게 묘사하게 될 것입니다.

하나님의 말씀인 성경은 자연스럽고 단순하게 기록되었

지만, 심오한 진리들을 기술하고 있습니다. 이 진리들은 당신의 영적 수준에 맞게 당신에게 적용될 것입니다. 하나님의 말씀은 당신의 심장부를 관통합니다. 그것은 뚫고 들어가는 힘이 있으며, 그것이 이루고자 하는 모든 것을 효과적으로 성취합니다. 어떤 인간의 언어도 하나님의 말씀을 전해 주는 순수한 통로의 역할을 하는 사람을 통하여 나오지 않으면, 이러한 효과를 낳을 수 없습니다. 자기를 부인한 사람들 안에서 자신을 표현하고 나타내시는 것이 하나님의 기쁨입니다.

인간을 창조하실 때에, 하나님은 자신의 영광을 인간이 빼앗을 수 없도록 이 세상의 가장 천한 것이라 할 수 있는 흙을 사용하셨습니다. 그 후 하나님은 말씀의 호흡인 생기를 인간들 안에 불어넣으셨고, 이 흙이 하나님의 살아 있는 호흡을 위한 하나의 집이 되었습니다.

예수님께서 당신을 변화시키실 때에, 그분은 당신에게 말씀에 대한 더욱 선명한 이해를 주실 뿐만 아니라, 당신 안에서 살아 숨 쉬는 말씀인 자기 자신을 주십니다. 그리스도를 모시고 사는 사람들만이 말씀을 성취하며, 말씀이 그들 안에서 성취됩니다. 오직 그들만이 하나님의 말씀을 해석할 수 있습니다.

지적인 배움이 하나님의 진리들을 이해하고 설명하는 가장 좋은 방법이 아닙니다. 당신은 스스로 이러한 진리들을 경험해야 합니다. 그것들이 당신 안에서 태어나야 합니다.
그러면 당신은 그것들을 더 잘 설명할 수 있게 될 것입니다.

자신을 잊으십시오
(Forget Yourself)

나는 이 편지를 어떤 찬사와 함께 시작하지 않습니다. 하지만 당신이 내가 그리스도인으로서 말하는 단순한 진리만을 나에게서 기대하고 있다고 믿습니다. 나는 주님께서 나에게 말하게 하시는 것만 말하려 합니다. 당신은 더 단순해져야 합니다. 거짓된 겸손의 자세와 당신이 표현하는 자기 비하의 말들은 절대로 겸손이 아닙니다. 그것은 단지 세련된 자기 사랑일 뿐입니다. 하나님만을 바라보십시오. 당신의 눈을 그분께 고정시키고, 자신에게 돌리지 마십시오. 심오한 것들뿐만 아니라 겸손하고 단순한 것들을 즐겨 말하십시오.

우리의 모든 자의식과 불안함은 자기 사랑으로부터 기인

합니다. 이 자기 사랑은 매우 종교적인 태도 뒤에 숨어 있을 수 있습니다. 단순하지 못한 것이 많은 상처를 줄 수 있습니다. 어디를 가든지 옛 자아 안에서 산다면, 당신은 자신의 죄와 실패들을 함께 짊어지고 다니는 것입니다. 평화롭게 살기 원한다면 자신을 잊어야 합니다. 무한하고 변하지 않으시는 하나님 안에서 쉼을 얻으십시오.

자신을 바라보면 볼수록, 당신은 자신을 바라보는 일에 그만큼 더 익숙해질 것입니다. 당신은 당신의 창조자보다 자신에게 더 빨리 눈을 돌리게 될 것입니다. 자신으로부터 돌아서서 하나님을 향하십시오. 그분이 원하시는 유일한 것, 즉 당신 전체를 하나님으로부터 멀어지게 하지 마십시오.

시간이 짧습니다. 그럼에도 불구하고 왜 자아에 갇혀서 시간을 보내려 합니까? 당신의 눈으로 하나님만을 바라보십시오. 당신은 한 왕 앞에 서도록 부름 받은 사람처럼 보입니다. 하지만 당신은 그 왕의 위대함보다 그리고 그분을 어떻게 섬겨야 할지에 대해서보다 당신이 어떻게 보이는가에 초점을 맞추고 있습니다. 하나님은 당신을 재정비하셔서 당신의 자기 본성을 파멸시키기 원하십니다. 악한 자를 두려워하는 것보다 자기 자신을 더 두려워하십시오. 사탄은 자신을 하나님 위에 두길 원했습니다.

그리고 계속해서 당신이 저지른 실수들에 대해서 생각한다면, 이와 똑같은 태도가 당신 안에서 태동하게 될 것입니다. 당신이 이렇게 자신의 업적들이나 실수들에 초점을 맞추게 되면, 하나님과의 온전한 사랑을 나눌 수 없게 됩니다.

하나님의 방법
(The Ways of God)

하나님께서 개개인을 다루시는 방법은 하나님 자신처럼 독특하고 신비합니다. 모든 사람들에게 공통적인 어떤 것들 외에, 당신은 하나님께서 당신만을 위해 계획하신 특별한 훈련을 통과할 것입니다. 하나님께서 당신의 삶을 변화시키기 위하여 사용하시는 방법은 다른 사람에게는 아무런 효과도 없을 수 있습니다.

당신은 자신을 강하게 하는 큰 시련들이 아니라, 당신을 어린아이처럼 무능하게 만드는 상황들로 이끌림을 받을 것입니다. 어린아이처럼 되어서 항상 아버지의 계획에 기꺼이 순종하는 자녀가 되십시오.

당신이 많은 사람들이 우러러보는 그러한 사람이라는 생

각을 포기하십시오. 보호와 돌봄을 받기 위해 아버지께 달려가는 아이와 같이 되십시오. 자기가 중요하다는 교만함과 자기 신뢰 같은 것들은 어린아이와 같이 단순해짐으로써 사라져야만 하는 것들입니다. 예수님은 "어린아이와 같이 되지 않고는 결단코 천국에 들어갈 수 없다"고 말씀하셨습니다. 하나님께서 당신으로 하여금 자신 안에서 보기 원하시는 것은 아무 근거도 없이 주장되는 어떤 위대함이 아니라, 당신의 부족함이라는 것을 언제 배우려는 겁니까?

하나님께서 당신을 바라보며 사랑하신다는 것을 확신하십시오. 하나님께서 당신을 그분께 돌이키기 위하여 사용하시는 방법들에 순종하시기를 바랍니다.

시련 중의 평안
(Comfort in Trials)

당신이 겪고 있는 시련으로 인하여 내가 함께 아파하고 있다는 것을 당신이 알았으면 합니다. 나는 당신이 예수 그리스도의 고난에 참여하도록 부름 받았으므로, 그분의 인내와 복종에도 참여할 수 있기를 기도합니다.

당신이 주님의 뜻을 단순하고 진지하게 구할 때에 그분은 항상 당신 곁에 계십니다. 그분은 시련의 시기에 당신을 지지하고 안위해 주실 것입니다. 고요함과 확신 속에서 그분을 신뢰하십시오.

예수님은 한 소경의 눈에 진흙을 바르시면서 "실로암 못에 가서 씻으라"고 말씀하셨습니다. 그 물은 잔잔하고 평온한 물이었습니다. 나는 그리스도께서 주시는 것으로 당신 안에 거하는 평안을 경험하기를 원합니다. 또 당신이 어린아이처럼 단순해질 수 있으면 하는 마음으로 기도합니다. 예수 그리스도께 가장 가까이 이끌림을 받는 자들이 어린아이들입니다. 예수님께서 팔로 감싸 품에 안으시는 자들은 어린아이들입니다. 어린아이처럼 되는 것은 얼마나 아름다우며 사랑스러운 일인지 모릅니다. 당신이 지금 경험하는 고난이 당신을 어린아이와 같이 만들어서 온전히 아버지의 뜻에 복종할 수 있으면 좋겠습니다.

그리스도 안에서
(In Christ)

하나 됨은 하나님의 본질이며, 그 하나 됨으로 하나님은 나의 영을 당신의 영과 결합시키셨습니다. 이 영적 여정에서 진보해 가는 동안, 당신은 우리가 그분 안에서 얼마나 연합되어 있는지 깨닫게 될 것입니다. 아버지는 당신에게 자신의 성품을 주심으로써 당신을 그분과 연합시키십니다. 이렇게 하여 당신을 그분의 자녀로 만드시는 것입니다. 당신이 그분의 성품 중 어떤 것이라도 다른 사람들에게 나누어 줄 수 있고, 또한 다른 사람들을 위로할 수 있는 것은 바로 이것 때문입니다.

우리는 이러한 도움이 어떻게 다른 사람들에게 전가되는지(impart) 알지도 이해하지도 못합니다. 이것은 어떤 사람들에게는 더 분명히 나타나기도 합니다. 하지만 이것은 그러한 도움을 받을 사람들에게 항상 완벽하게 적용됩니다. 성령의 은사들과 은혜들이 때로 쉽게 보이기도 하지만, 또한 그것들을 받는 사람의 역량에 따라 더 영적이고 더 내면적인 것이 될 수도 있습니다.

당신과 함께할 때에 우리의 영 사이에는 가장 단순한 수준의 교제와 은혜만 존재하는 것 같습니다. 당신은 어떤 중대한 결과들을 받을 준비가 되어 있지 않기에 그것들을 경험하지 못하고 있습니다. 아마도 우리가 산만해지지 않고 더 많은 시간을 함께 보낸다면, 당신은 더 위대한 결과들을 경험하게 될 것입니다. 하나님은 우리들 사이에 상호 교제가 흐르기를 간절히 원하십니다.

그리스도 안에 있는 사람들이 그분께 속한 어떤 것을 전달할 수 있다는 사실은—비록 거절된다 할지라도— 위대한 일입니다. 이러한 교제는 대양의 파도처럼 밀려갔다가 밀려옵니다. 아버지와 아들 예수 그리스도가 성도들과 가지는 교제와, 아버지와 아들 사이에 가지는 교제는 영원토록 엄청난 축복의 근원이 될 것입니다. 하나님은 인간들과 교제를 나누시려고 그들을 창조하셨습니다. 하나님은 자신을 반영하는 이미지보다 더 위대한 어떤 것을 창조하실 수 없었습니다. 천사들과 성도들의 모든 영광은 단지 하나님의 영광이 반영된 것일 뿐입니다.

하나님은 그의 성도들이 두 가지 특징—상호 교제를 나누는 능력과 풍성한 열매—을 지니지 않으면, 그들 안에서 자신이 온전히 반영되는 것을 보실 수 없습니다. 하늘에 계신 아버지께서 온전하신 것처럼 온전하지 않으면, 아무도 진정으로 온전해질 수 없습니다. 그들은 그들 안에 거하시는 하나님의 성품을 소유해야 합니다.

예수님께 속한 사람들, 즉 그분께 선택받은 사람들은 예수님께서 그들 안에 거하시기 때문에 예수님처럼 영원한 속성을 가지게 됩니다. "우리의 양식으로 그의 살(flesh)을 주사"라는 구절은 우리가 그분과 교제를 나눌 때에 그분이 우리에게 주시는 영적 양식을 의미합니다. 영원한 말씀은 우리에게 꼭 필요한 것으로, 우리가 의지해서 살아가야 하는 죽지 않는 생명입니다.

영혼의 겨울
(Spiritual Winter)

내가 당신의 영적 축복에 깊은 관심을 갖고 있다는 것을 잊지 마십시오. 나는 당신이 어려운 순간을 통과하고 있을 때에도 하나님에 대한 당신의 신뢰가 흔들리지 않기를 소망하고 있습니다. 겨울에 나무의 뿌리들은 땅속 깊은 곳으로 파고듭니다. 마찬가지로 영혼의 겨울 동안, 당신은 더 깊은 수치 속으로 던져질 것입니다. 욥이 얼마나 확신에 차서 다음과 같이 말했는지 기억하십시오. "그분이 나를 죽이실지라도 나는 그분을 신뢰할 것입니다." 위로 받지 못하고 모든 것을 빼앗겨 아무런 가치도 없는 존재처럼 느껴질 때에도 당신은 여전히 하나님을 즐거워할 수 있습니다. 땅에 식물이나 꽃이 없을지라도 하나님은 여전히 존재하십니다. 그리고 이

것 때문에 당신은 행복해질 수 있습니다. 어머니는 자식을 위해 기꺼이 자신을 희생하려 합니다. 그리고 자기의 모든 것을 주면서 행복을 발견합니다. 하나님과 당신의 관계도 이와 같기를 원합니다.

당신의 연약함과 죄, 혹은 부족함이 당신을 짓누를 때에 진흙탕에 빠진 아이처럼 그분에게 나아가십시오. 그리고 그분이 당신을 씻기고 위로하시는 일을 얼마나 즐기시는지 발견하십시오. 모든 어머니가 자식을 사랑하는 것보다 하나님께서 당신을 덜 사랑하신다고 의심할 수 있습니까? 하나님께서 "어머니는 잊을지라도 나는 너를 결코 잊지 않으리라" 말씀하시지 않았습니까?

당신의 연약함과 공허함을 발견하는 것은 하나님의 사랑을 보여주는 증거입니다. 이 증거가 비록 수치스럽기는 하지만, 또한 감사드릴 이유도 됩니다. 하나님은 당신의 공허함을 그분의 사랑과 은혜로 채우실 수 있습니다. 공허함의 시간은 우리에게 절대적으로 그분이 필요하다는 것을 상기시켜 줍니다. 그러한 시간들을 마치 하나님으로부터 빵을 받아먹는 것처럼 큰 기쁨으로 받아들이십시오.

자기 포기
(Giving up Your Self)

자아의 죽음은 빨리 성취되지 않습니다. 오랫동안, 그것은 살아 있는 죽음입니다. 영적 생활은 마른 뼈들에 대한 에스겔의 환상 속에 잘 나타나 있습니다. 먼저 뼈들이 연합되었고, 그 다음에 살이 덮였으며, 그 후 온전한 몸이 형성되었고, 마지막으로 하나님의 영이 그들을 살아나게 하셨습니다. 하나님을 향해 성장하기 시작함에 따라 당신은 당신의 길에 많은 장애물들이 있음을 발견하게 될 것입니다. 당신이 하나님께 복종할 때에 이러한 것들은 극복될 것입니다.

강은 바다에 잠식되기 전에 바다 안에 자신을 비워 버립니다. 파도들은 강이 바다를 향해 나아가도록 돕는 것 같습니다. 하나님은 온전한 사랑이라는 파도들이 당신 위로 몰아치게 하심으로써 당신을 자신에게 나아오도록 촉구하십니다. 강은 강물이 온전히 소모되기까지는 바다에 잠식되지 않습니다. 강물이 바다에 흡수되기 전에 파도가 여러 번 치는 것처럼, 당신도 온전히 변화되기 전에 여러 번의 변화들을 통과할 것입니다.

당신의 본성이 십자가에 못 박히는 것을 허락하는 것이 좋습니다. 왜냐하면 그렇게 할 때에 하나님께서 그 자리를 차지하심으로 당신에게 모든 것이 되어 주시기 때문입니다. 자신을 잃고 하나님을 얻으십시오. 유한한 것을 몰아내고 무한한 것을 얻으십시오. 이것이 큰 축복입니다.

인간을 의지하지 마십시오
(Do Not Depend on Man)

우리의 관계에 관해 내가 어떻게 말해야 합니까? 나는 당신을 보거나 보지 않을 계획을 세울 마음이 없습니다. 하나님의 인도를 기다립시다. 당신은 그분만을 신뢰하고 있습니까 아니면 나에게 너무 많은 신뢰를 부여하고 있습니까? 나는 상한 갈대와 같아서 당신이 나를 너무 신뢰한다면, 실망하게 될 것입니다. 하나님은 때로 어떤 사람의 인생을 위해 일정 기간 다른 사람을 사용하기도 하십니다. 그리고 때가 되면 그들의 관계는 하나님께 더 이상 유용하지 않습니다.

하나님께서 당신의 삶에서 나를 빼내기 원하신다면, 내가 감히 우리의 관계를 놓지 않으려고 고집을 피울 수 있겠습니까? 하나님께서 금하십니다. 그분이 우리 사이에 이러한 이별을 계획하셨습니다. 이렇게 하심으로 하나님은 당신이 그분을 제외한 어떤 사람을 신뢰하지 못하게 하셨습니다.

주님은 당신의 삶 속에서 나를 더 이상 필요로 하지 않으십니다. 내가 방해가 되었을지도 모르는데, 그랬다면 그것은 나의 교만 때문일 것입니다. 내가 절대로 실수하지 않는 사람이라고 내비친 적은 없는 것 같습니다. 나는 부정한 사람일 뿐입니다. 제발 나를 떠나서 당신을 결코 그릇되게 인도하지 않으실 하나님과만 연합하십시오. 사람과 상황은 하나님의 질서 안에서만 선합니다. 당신이 그것들을 지나치게 신뢰하면, 당신에게 해로운 것이 될 것입니다. 하나님께서 우리를 분리시키기 원하신다면, 당신은 그분의 선하신 뜻에 온 마음으로 순종해야 합니다. 그분은 당신의 온 마음을 받기에 합당하신 분입니다.

사람들을 너무 신뢰한다는 것을 인정할 만큼 충분히 겸손하고 용기 있는 그런 사람이 되십시오. 불신자들은 목이 곧을지라도 하나님의 백성들은 그분의 손안에서 유순해야 합니다. 무슨 일이 있어도 당신은 주님 안에서 나에게 항상 사랑스러운 분으로 남아 있을 것입니다. 그분 안에서 자신을 잊으십시오. 그러면 어느 날 그분의 사랑 안에 빠져서 당신 옆에 있는 나를 발견할 수 있을 것입니다.

성도의 죽음
(Death of a Saint)

나는 당신이 이 질병에서 살아남지 못할 것 같은 느낌이 듭니다. 그러면 나는 신실한 친구를 잃게 됩니다. 당신은 내가 핍박을 당하는 동안 진실로 의지할 수 있는 유일한 사람이었습니다. 나는 상실감을 느끼면서도 한편으로는 당신으로 인해 매우 행복해하고 있습니다. 어쩌면 당신을 부러워하는 것일 수도 있습니다. 죽음은 무한한 경이로움을 숨기고 있는 베일을 벗겨내는 데 도움이 될 것입니다. 주님은 우리의 영을 단단히 결합시켜 놓으셨습니다. 하나님의 축복이 당신 위에 머물기를 기도합니다.

축복 받은 이여, 가서 상급을 받으십시오. 하나님은 온전히 자신에게 속한 사람들을 위해 이러한 상급을 마련해 놓으셨습니다. 가십시오. 우리는 그분의 이름으로 헤어지지만, 나는 작별 인사를 할 수 없습니다. 왜냐하면 우리는 그분 안에서 영원히 연합되었기 때문입니다. 나는 당신이 떠나는 시간에 하나님의 선하심으로 인하여 영으로 당신과 함께하기를 소망합니다.

하나님 안에서 성도들의 교제
(Fellowship of the Saints in God)

우리 영들의 연합에 대하여 당신이 나에게 준 확신으로 인하여 나는 큰 위로를 받았습니다. 내 영은 감정적인 상태가 아닌, 깊은 평강 가운데 이 연합에 온전히 반응합니다. 이것이 그리스도 안에서 참된 교제입니다. 중요한 것은 당신이 그분 없이 얼마나 헛된 존재인지를 깨닫는 것입니다. 당신의 유일한 희망은 자신을 포기하고 하나님을 신뢰하는 것이어야 합니다.

그리스도 안에서 이렇게 하나 되는 것이 얼마나 큰 축복인지 모릅니다. 거기에서는 모든 악들이 사라지며, 우리를 갈라놓는 것은 우리 인간들이 지닌 유한성뿐입니다. 우리의 창조자가 우리를 위해 그분과 교제할 수 있는 방법을 마련하신 것이 얼마나 귀한 일인지 모릅니다. 이러한 영광은 우리의 타락한 본성이 지닌 모든 악한 것들을 제거하고, 우리가 하나님 안에서 영원히 연합하게 될 때에 훨씬 더 찬란한 것이 될 것입니다.

그분 안에서 우리는 대양 안에 있는 작은 물방울들처럼 연합되었습니다. 모든 장애물들이 제거되면, 개울들이 얼마나 빨리 합류하여 함께 흐르는지 모릅니다. 우리가 그리스도 안에서 정결해짐에 따라, 우리의 교제는 더욱 깊어지고, 우리는 더 깊은 곳으로 함께 흘러갈 수 있을 것입니다.

정결함은 자신으로부터 완전히 분리되어 하나님과 재연합할 때에 흘러나오는 어떤 것입니다. 하지만 당신이 원한다면 언제든지 옛 모습으로 돌아갈 수 있습니다. 선택은 당신의 것입니다.

우리의 교제는 외적 상황이나 다른 사람들이 생각하는 것들과 독립적인 것입니다. 그리스도 안에서 우리는 서로에게서 분리될 수 없습니다. 왜냐하면 우리는 그분과 하나이기 때문입니다. 그분 안에서 그리고 그분을 통하여 우리는 하나입니다.

내면의 불꽃
(The Inner Flame)

내 몸이 아픈 동안에, 내 영이 당신의 영과 연합되었습니다. 육체가 쇠약해질 때에, 속사람은 더 강해집니다. 당신 안에서 일하시는 하나님의 역사가 전처럼 분명하게 보이지 않을지라도, 하나님의 역사가 줄어든 것은 아닙니다. 당신의 영 안에서 지속적으로 그리고 조용하게 타고 있는 비밀스러운 불이 있습니다. 강렬하게 계속 타오르는 이 불꽃은 하나님의 의지 밖에 있는 어떤 것을 행할 수 있는 당신의 능력을 무능력하게 만들면서 당신의 자연적인 힘을 약화시킵니다. 가끔씩, 은혜의 기름이 이 비밀스러운 불꽃에 부어집니다. 그러면 당신은 하나님의 사랑스러운 임재와 그분이 당신 안에서 행하고 계신 것을 분명히 알 수 있게 됩니다.

당신은 그분의 임재 안에 거하면서 두 개의 독특한 열매들을 맺게 됩니다. 그것은 내면의 안식과 당신의 영 안에서 흘러나오는 지속적인 "아멘"입니다. 이 "아멘"은 하나님께서 당신을 매우 귀하게 다루시는 것에 대한 당신의 훌륭한 반응입니다. 나는 당신과 나 사이에 매우 깊은 연합이 존재한다는 것을 알고 있습니다. 이 연합은 감정적이거나 인간의 의지로 된 것이 아니라, 하나님의 뜻 안에서 이루어진 것입니다. 이것은 우리 주님께서 "우리가 하나인 것과 같이 저희로 하나가 되게 하옵소서"라고 기도하신 것의 성취라 할 수 있습니다. 죽음이 이 연합을 가로막을 수 없습니다. 오히려 죽음은 이 연합을 하나님 안에서 더 확고하게 해줄 뿐입니다.

젊은이들에게 주는 충고
(Advice to the Young)

대들은 나에게 매우 소중한 존재들입니다. 나는 하나님만이 그대들을 행복하게 하실 수 있다는 것을 그대들이 깨닫기를 원합니다. 그대들을 하나님께 온전히 드리십시오. 그리고 결코 다시 자신을 찾으려고 노력하지 마십시오. 온 마음으로 그분을 사랑하십시오. 그대들의 영으로 그분과 교통하기 위하여 힘쓰십시오. 형식적인 기도문들을 사용하지 말고, 단순하고 자연스럽게 기도하십시오. 하나님은 의무감으로 드려진 것보다 사랑과 애정이 가득한 기도를 원하십니다. 그대들이 하나님을 얼마나 사랑하는지 고백하십시오. 이러한 기도가 그대들의 마음을 부드럽게 할 것입니다.

그대들에게 주어진 필수적인 의무사항들로부터 도망가

지 마십시오. 그대들이 하루 종일 기도하기 위해 자신들을 고립시키는 대신, 일상적인 생활을 하면서 하나님과 더 가까워질 수 있습니다. 이것은 그대들의 아버지께서 그대들이 유혹에 노출되었을 때에 그대들을 꼭 붙들어 주시기 때문입니다. 지속적으로 하나님과 교통하기를 힘쓰십시오. 그대들이 할 일은 자신을 그분의 사랑에 내어던진 채 각자에게 요구되는 것들을 행하는 것뿐입니다.

불안해하거나 안달하지 마십시오. 그러한 것은 당신 안에서 이루어지는 하나님의 아름다운 일에 해가 될 뿐입니다. 그분 안에서 쉼을 얻고, 당신을 괴롭히는 모든 것들을 그분께 가져가십시오. 그분은 어머니가 어린아이를 안고 다니듯이, 그렇게 당신을 안아 주실 것입니다.

하나님은 무엇을 먹고 마실지에 대하여, 또한 인생의 모든 기쁨들에 대해서 당신에게 지혜를 주실 것입니다. 하나님은 당신이 균형 있는 삶과 절제 있는 삶을 살기 원하십니다. 극단적인 삶은 피하십시오. 너무 많이 먹거나 너무 많이 마시지 마십시오. 또한 너무 적게 먹거나 너무 적게 마시지도 마십시오. 하나님께서 당신에게 힘과 지혜와 안위를 주시기를 기도합니다.

오랜 친구에게 드리는 작별인사
(Good-bye to an Old Friend)

페레 라콤브(Pere Lacombe: 귀용의 영적 스승)에게 드리는 서신

    나는 당신을 더 이상 나의 영적 인도자로 일컬을 수 없다는 느낌이 듭니다. 이 세상의 모든 스승들과의 관계를 정리하고 사랑 자체이신 온전한 스승을 따르는 것이 내가 해야 할 옳은 일인 것 같습니다. 하나님과 가까워지기를 추구하면서 내 자신이 인간들을 많이 의지하던 것으로부터 멀어지는 것을 발견하게 되었습니다. 나는 또한 하나님께서 내 안에서 행하시는 아름다운 일이 쉽게 설명되지 않는다는 것을 깨닫게 되었습니다. 하나님께서 나로 하여금 발견하게 하신 멋진 진리들을 말로는 쉽게 표현할 수 없습니다.

    말하고 행하는 것이 하나님께는 똑같은 것입니다. "말씀하시니 그대로 되었더라." 하나님의 말씀이신 예수 그리스도께서 아무런 저항 없이 우리 안에서 일하시는 것이 허락될 때에, 하나님은 그분이 원하시는 대로 우리를 만들어 가실 것입니다. 막달라 마리아가 온전해졌을 때에, 그녀의 생명은 더 이상 막달라 마리아 자신의 것이 아니라 그녀 안에서 살아 계신 예수 그리스도의 것이 되었습니다. 바울은 "내가 산 것이 아니요 내 안에 그리스도께서 사신 것이라"고 말하였습니다. 마찬가지로 하나님의 말씀이신 예수 그리스도가 당신과 연합하셨습니다.

> 당신의 사랑이 어찌 그리 아름다운지요! 당신의 기사가 어찌 그리 위대한지요! 우리 마음속에 새겨진 당신의 솜씨가 어찌 그리 놀라운지요! 나는 당신의 비밀스럽고 깊은 솜씨에 푹 빠져 있습니다.

지금 나는 존경하는 스승인 당신에게 마지막 인사를 드리기 위하여 이 글을 쓰고 있습니다. 당신을 더 이상 나의 지도자로 모시지는 않겠지만, 나는 오직 예수 그리스도의 순수한 사랑 안에서 당신이 나에게 매우 소중한 존재라는 것을 말하고 싶습니다.

하나님의 영광
(God's Glory)

하늘과 땅 위에서 하나님의 영광 외에 우리가 바랄 수 있는 것이 무엇이 있겠습니까? 하나님 자신이 그러하듯이 우리가 그분의 영광을 바라는 것이 마땅합니다. 모든 것을 아시는 하나님께서는 전략적인 계획을 가지고 계십니다. 그분은 모든 일을 적시에 행하십니다. 그분은 그분의 뜻을 성취하시기 위하여 최적의 타이밍을 기다리십니다. 예수님께서 이 땅에 임하셨을 때에, 그분은 온 세상을 단번에 뒤집고 모든 악을 멸하실 수 있었습니다. 하지만 그분의 지혜는 그분이 그렇게 하도록 인도하지 않았습니다.

"내 때가 아직 이르지 않았다"는 주님의 말씀에 귀를 기울이십시오. 미리 하려 하거나 지체함으로써 그분의 완벽한 시기를 놓치지 마십시오. 그분 앞에 엎드려 당신의 허망함을 고백하십시오. 오직 그분의 도구가 되기만을 힘쓰십시오. 그러면 그분은 당신을 사용하시거나, 그분의 뜻 가운데 당신을 구별해 놓으실 것입니다. 그분이 원하시는 것들에 철저히 순종하고, 자신이 원하는 것에는 냉담하십시오. 그분이 당신을 사용하시든 사용하시지 않든 그것이 당신에게 문제가 되어서는 안 됩니다.

하나님의 손안에 머무르십시오. 그분은 당신을 쓰러뜨릴 수도 있고, 세우실 수도 있는 분입니다. 그분이 원하시는 모든 것이 당신 안에서 그리고 당신을 통하여 이루어지게 하십시오.

영적 연합
(Spiritual Union)

성도들의 영적 연합은 비록 쉽게 설명되지는 않지만 매우 실제적인 경험입니다. 누군가를 진정으로 그리고 효과적으로 도우려 할 때에 보통 그들과 유사한 것을 경험했던 것이 큰 도움이 됩니다. 나는 당신이 느끼고 있는 고통을 느끼고 있습니다. 그리고 이것이 우리를 서로 더 가까워지게 하고, 또한 그리스도께로 더 가까이 이끕니다. 나는 그분이 이러한 경험 속에서 우리의 연약함을 어떻게 짊어지시는지에 대해 배우게 되었습니다. 나는 또한 하나님께서 그분께 속한 자들에게 자신을 내어 주시면서 그들을 성장시키시는 그분의 마음을 더 분명히 알게 되었습니다.

내가 그분 안에 있고, 그분이 내 안에 계십니다. 하나님께서 나를 더 온전히 장악하실 때에, 그분은 나를 그분께 더 가까이 이끄실 뿐 아니라, 나를 통하여 다른 사람들까지도 이끄실 것입니다. 이러한 견인력은 태양 광선들보다 더 강력합니다. 하지만 이끄는 일을 하는 것이 광선(믿는 자들을 나타냅니다)이라고는 절대 생각하지 마십시오. 이끄시는 분은 항상 하나님이십니다. 그분이 당신을 통하여 밝게 빛나실 수 있도록 순전한 통로가 되기 위해 힘쓰십시오. 하나님은 그분의 은혜를 믿는 자들을 통하여 그리고 그들 가운데 나누어 주십니다. 그들의 중심은 하나님이십니다. 이것은 태양 광선의 근원이 태양인 것과 같은 이치입니다. 따라서 믿는 자들은 하나님 안에서 서로에게 연합됩니다. 나는 내가 말한 것을 다른 사람들이 이해하는 것이 힘들다는 것을 깨닫게 되었습니다. 하나님께서 당신에게 비춰 주시는 빛이 내 설명의 부족한 부분을 채워 주시기를 기도합니다.

현재를 사는 삶
(Live in the Present)

하나님의 뜻이 당신에게 특이한 방법들로 이루어질 것이라고 기대하지 마십시오. 가장 주목할 만한 사건들은 자연스럽게 일어납니다. 요셉이 베들레헴에 간 것은 로마 황제의 칙령 때문이었습니다. 그리고 예수님께서 그곳에서 태어나셨습니다. 하갈의 자녀가 목말라 죽어 가고 있을 때에, 그녀는 아이가 죽도록 그냥 내려놓았습니다. 그때에 하나님께서 근처에 있는 우물을 그녀에게 보여 주셨습니다. 당신의 현 상황 속에 계신 하나님을 바라보십시오. 하나님께서 당신을 위해 그분의 섭리 가운데 그러한 환경들을 조성하셨다는 것을 기억하십시오. 그리고 그것들에 순응하십시오. 하나님은 처음부터 끝을 알고 계신 분이며, 그의 자녀들을 위해 가장 좋은 계획을 가지고 계신 분입니다. 아주 적은 것들만 볼 수 있는 당신의 능력을 모든 장소에서 그리고 모든 시기에 모든 것들을 볼 수 있는 하나님의 능력에 복종시키는 것이 현명합니다. 하나님은 영원에서 영원까지 바라보실 수 있는 분입니다.

우리가 하나님을 만나는 곳이 바로 현 순간이라는 것을 기억하십시오. 그리고 그 순간은 또한 그분이 주신 시간입니다. 그러니 그 순간을 이용하십시오. 그분이 우리에게 주시는 매 순간은 그분의 영광을 위한 것입니다. 현 순간은 우리가 하나님께 설명 드려야 하는 영원한 순간이 됩니다. 그러니 현 순간을 낭비하지 마십시오. 하나님께서 당신에게 이제와 영원토록 매 순간 모든 것의 모든 것이 되시기를 기원합니다.

부드러운 충고
(Give Advice Gently)

다른 사람들을 교정해 주는 데 있어서 그리스도께서 가르쳐 주신 대로 부드럽고 겸손하게 한마디하는 것이 당신의 지혜로부터 나온 수많은 말보다 훨씬 강력합니다. 교정을 해 주려 할 때에 불필요한 감정이 섞여 있으면, 예수님은 당신이 말하는 것이 사실이라 하더라도 당신과 협력하지 않으실 것입니다. 당신이 교정해 주려는 사람도 당신의 감정을 느낄 수 있고, 따라서 당신의 교정을 받아들이지 않으려 할 것입니다. 오히려 그는 훨씬 더 고집스럽게 잘못된 방향으로 나아가려 할 것입니다. 하지만 예수님께서 당신을 통하여 말씀하실 때에, 그리고 당신이 방해하지 않을 때에, 그분의 말씀은 많은 것을 성취하고 그 사람으로 하여금 당신이 말하는 것을 받아들이게 할 것입니다. 어떤 사람들은 예수님께서 말씀하신다는 것을 알면서도 거부할 것입니다. 하지만 예수님께서 그들이 변화되도록 설득시키지 못하신다면, 하물며 당신의 열정은 어떻겠습니까?

다른 사람들을 교정해 주는 데 있어서 하나님의 시간을 기다리는 것이 중요합니다. 당신이 어떤 사람들의 결함을 볼지라도, 그들은 그것들에 대한 당신의 충고를 통하여 유익을 얻을 준비가 되어 있지 않을 수 있습니다. 어떤 사람이 받을 수 있는 것 이상의 것을 그 사람에게 말하는 것은 지혜로운 일이 아닙니다. 나는 이것을 "빛보다 앞서가는 것"(getting ahead of the light)이라고 부릅니다. 그런 것은 아무런 유익이 되지 않습니다. 예수님은 "너희에게 이를 말이 많지만 지금은 너희들이 감당할 수 없다"고 말씀하셨습니다.

어떤 선지자는 여호와께서 젖 먹이는 자처럼 자기 자녀들을 품에 안으신다고 말했습니다. 젖을 먹이는 어머니는 아이가 혼자서 걸을 수 있기를 바라지만, 걸을 수 없는 상태라면 참고 기다립니다. 이와 같이 함으로써 연약한 자들을 넘어지게 하지 마십시오. 너무 빨리 잡초를 제거하려 함으로 잡초와 함께 좋은 열매를 뽑지 마십시오. 하나님의 인내를 누가 칭송하지 않을 수 있습니까? 하지만 그와 같이 인내하는 자가 누구입니까? 심지어 많은 은혜를 받은 자들도 많은 결함들을 가지고 있습니다. 따라서 우리는 서로를 참아 주고 기다리며 인내할 줄 알아야 합니다.

하나님의 뜻을 받아들이십시오
(Embrace the Will of God)

최근 심하게 앓는 동안에, 나는 그리스도께서 하나님이 자기를 위해 선택하신 것을 얼마나 기꺼이 참으셨는가에 대해서 생각하게 되었습니다. 내 속사람은 "아버지, 당신이 원하시는 것을 내가 감당할 준비가 되어 있습니다"라고 말했습니다. 그리고 나 자신을 복종시키면서 그리스도와의 더 깊은 연합을 경험하게 되었습니다. 나는 내면에서 "내가 너와 영원히 함께 살 것이다"라고 속삭이는 신랑의 음성을 듣습니다.

바울이 "나는 내 몸에 그리스도의 흔적을 지니고 있다" 했을 때에, 그는 몸에 있는 외적인 흔적들을 말한 것이 아니었습니다. 예수 그리스도의 고통을 내적으로 지니고 있다는 의미였습니다. 다윗의 삶 속에도 예수 그리스도에 대한 많은 영적 경험의 실례들이 풍부합니다. 욥은 무로 전락하게 되었지만, 후에 하나님의 은총을 입어 그분을 더 깊이 알게 된 사람의 좋은 예입니다. 시련의 용광로를 통과하고 그리스도와 함께 고통을 당한 사람들은 흰옷을 입을 준비가 되어 있습니다. 이 옷은 어린 양의 아내, 즉 신부의 예복입니다. 가장 높으신 분은 그러한 사람들 안에 거하실 것입니다.

이야기들을 통해 우리에게 익숙한 것들로, 깊은 동굴들을 통과한 후에야 도달할 수 있는 아름다운 지하 궁전들을 생각해 보십시오. 이러한 궁전들은 당신의 영혼 깊은 곳에 있는 궁전과 같지 않습니까? 이러한 궁전들은 숨겨져 있기 때문에 누군가 어디를 보라고 말해 주지 않는 한 발견되지 않습니다. 이 멋진 집에 우리 주님이 거하십니다. "왕의 딸의 속사람은 그렇게도 영광스럽습니다."

다른 사람들 돕기
(Helping Others)

당신이 결함들을 가지고 있다고 해서 다른 사람들을 돕는 것을 멈추어서는 안 됩니다. 당신의 결함들에도 불구하고 은혜는 당신을 통하여 효과적으로 역사할 수 있습니다. 하나님은 믿음에 서 있는 영적으로 더 성숙한 "아버지들"과 "어머니들"을 통하여 자신을 계시하십니다. 그들을 지나치게 의존하지 않으면서 그들을 신뢰하는 법을 배우십시오. 하나님은 그의 종들이 많은 연약함을 가지고 있음에도 불구하고 그들을 사용하십니다.

하나님께서 다른 사람의 삶 속에 행하기 원하시는 것을 당신이 본다 할지라도 하나님이 그렇게 하라고 말씀하시지 않는 한 그들에게 도움을 제안해서는 안 됩니다. 이와 반대로, 당신이 다른 사람들에게 거절당할 때에, 하나님께서 인도하시는 한 당신의 노력을 멈추어서는 안 됩니다. 하나님은 때가 이르면 자신이 원하시는 열매를 맺게 하실 것입니다.

하나님의 뜻을 아무런 욕심도 없이 행하는 것은 확실히 자신에 대해 죽는 것입니다. 하나님께서 인도하시는 길에서 벗어나지 마십시오. 그분이 행하시는 일에 당신을 첨가하려 한다면, 당신은 단지 방해만 될 뿐, 모든 진보를 늦출 것입니다. 당신의 본성은 매우 타락해 있기 때문에 그것이 영적인 것들을 침범해서 파괴시킬 뿐입니다. 자기 본성은 또한 매우 아름다운 가면을 써서 구별하기 힘들게 가장할 수 있습니다.

죽음과 부활
(Death and Resurrection)

지금은 낙심할 때가 아닙니다. 물론, 죄 된 욕구들이 드러날 것입니다. 위험한 장난감을 빼앗을 때에 아이가 소리 지르는 것과 같이 그러한 욕구들이 가장 큰 소리로 비명을 지르게 하십시오. 당신과 함께 거하시는 그분을 바라보십시오. 이러한 십자가들을 질 수 있도록 그분이 당신을 강하게 하실 것입니다. 당신은 곧 부활을 경험하게 될 것입니다.

당신이 경험한 특별한 평안이 당신 안에서 부활의 삶이 시작되고 있음을 증거해 주고 있습니다. 이러한 평안은 밀물과 같이 밀려오기도 하고 밀려가기도 할 것입니다. 왜냐하면 새 생명은 조금씩 주어지기 때문입니다. 하지만 나는 이러한 평안이 곧 당신을 온전히 채울 것을 확신하고 있습니다.

모든 자연스러운 저항들에도 불구하고 하나님께서 당신으로 하여금 내면의 죽음을 빨리 받아들일 수 있게 하셨던 것처럼, 그분은 또한 당신을 빨리 부활시키실 것입니다. 하지만 새 생명이 주어진 후에는 당신이 잃어야 할 것들이 더 많을 것이라는 것을 경고하고 싶습니다. 이 땅에 속한 모든 것들에 대한 상실은 깊고 오래 걸릴 것입니다. 사실상, 이 부활 이전에 오는 죽음과 묻힘은 부활 후에 오는 완전한 상실과 비교가 되지 않습니다. 이러한 완전한 상실로 말미암아 당신은 완전히 새로운 상태에 놓이게 될 것입니다. 당신은 사랑하는 이의 신부로서 무덤에서 일어날 것입니다.

완전한 자기의 죽음은 순간적으로 일어나지 않습니다. 그것은 옛 자기에 속한 모든 것들이 소멸되기까지 완성되지 않습니다. 살기 위해 죽으십시오. 자신을 포기하십시오. 그러면 자신을 다시 발견하게 될 것입니다. 이렇게 함으로써 당신은 새 생명을 경험하기 시작할 것입니다.

내적인 은혜
(Inward Grace)

당신의 영적 생활에 아무 일도 일어나지 않는 것처럼 보인다 할지라도, 다른 사람들은 당신 안에 숨겨진 생명샘이 흐르고 있다는 것을 분명히 알 수 있습니다. 하나님은 당신의 내면에 있는 훌륭한 성품을 적셔 줄 단비(sweet rain)를 주시지 않습니다. 그 대신에 깊은 샘물을 주셔서, 당신이 그것을 통해 살고 성장하고 영원히 익을 열매를 생산하게 하십니다.

다윗은 인생이란 빨리 자랐다가 신속히 시드는 풀과 같다고 말했습니다. 이것은 우리의 자연적인 삶을 가리키는 것이지만, 또한 자기 성품에 적용되기도 합니다. 자기 혹은 자아(the self)는 영적인 삶의 아침, 곧 당신이 이러한 삶을 막

시작했을 때에는 매우 강합니다. 하지만 한낮의 열기가 풀을 시들게 하듯이, 의로운 하나님께서 온화함 속에서 일어나실 때에는 옛 자아가 시들어 소멸됩니다. 의인은 시냇가에 심은 나무와 같아서 잎사귀가 항상 푸릇합니다. 이것은 깊은 곳에서 흐르는 물에 뿌리가 잘 적셔지기 때문입니다.

하나님은 당신 안에서 일하시는 것을 결코 멈추지 않으십니다. 체념한 듯 평안한 당신의 상태가 이것을 증명해 줍니다. 건강에 유념하십시오. 힘에 겨운 노동을 하지 마십시오. 하나님은 당신이 사랑으로 다른 사람들을 위해 노동할 때에 보상해 주실 것입니다. 하나님은 이러한 노동에는 반드시 보상을 하십니다. 하나님께서 그분의 일을 위해 당신을 지켜주시기를 기도합니다.

자기 방식을 포기하십시오
(give up Your Own Way)

하나님은 자신을 위하여 당신을 창조하셨습니다. 하지만 그분은 당신이 상상하는 것과 완전히 다른 방식으로 당신을 인도하실 것입니다. 그분은 당신의 자기애를 멸하기 위하여 그렇게 하십니다. 이것은 당신의 목적과 선입견과 자연적인 이성과 인본적인 지혜가 완전히 무너져 내릴 때에 완성됩니다.

자기애는 여러 가지 방식들로 숨어 있습니다. 그래서 오직 하나님만이 그 모든 것들을 찾아내실 수 있습니다. 당신은 인간으로부터 오는 영예를 추구합니다. 그리고 중요한 지위를 차지하고 싶어 합니다. 하나님은 당신을 어린아이의 수준으로 낮추기를 원하십니다. 그분은 당신이 오직 그분만을 의지하기를 원하십니다. 사람들이 여러 책에서 말하는 것을 읽음으로, 혹은 인간의 이성을 통해서는 은혜 안에서 자라갈 수 없습니다. 당신은 오직 하나님께서 당신 안에 쏟아부어 주시는 것을 통해 성장할 수 있을 뿐입니다. 내 말을 믿으십시오. 이러한 부어주심은 당신이 자기를 비우는 정도에 비례하여 당신 안에 채워질 것입니다. 당신은 말하고 읽고 쓰느라 너무 바빠서 하나님을 위한 시간도 장소도 가지지 못하고 있습니다. 장소를 마련하십시오. 그러면 하나님께서 들어오실 것입니다.

당신은 많은 염려들에 대해 이야기합니다. 당신이 자신을 온전히 하나님께 드린다면, 이러한 염려들은 사라질 것입니다. 하나님이 당신을 위하여 생각하실 것이며, 수년 동안 계획해도 성취할 수 없었던 것들을 그분의 섭리로 해결해 주실 것입니다. 하나님의 이름으로 간청합니다. 당신의 지혜와 자기 인도를 포기하십시오. 자신을 하나님께 온전히 내려놓으십시오. 그분이 당신의 지혜가 되게 하십시오. 그러면 당신이 그렇게 필요로 하는 쉼의 장소를 발견하게 될 것입니다.

나는 당신이 성령 안에서 이 편지를 읽기를 원합니다. 용기를 내십시오. 하나님께서 당신의 본성(self-nature)을 멸하시는 것은 당신에게 그분을 주시기 위함이라는 것을 믿으십시오. 하나님께서 당신의 모든 것이 되시도록 자신 안에 있는 모든 것을 비워 내십시오. 당신이 비워질 때에, 하나님은 당신을 그분으로 채우실 것입니다.

유죄
(Conviction)

어제 나는 너무 빨리 말을 했습니다. 나는 영적 여정을 처음 시작했을 때와 같이 깊은 유죄의 고통을 느꼈습니다.

내가 너무 빨리 말을 했는지, 혹은 내가 말한 것이 성령님을 소멸하게 했는지 분별할 수 없습니다. 내 안에 있는 어떤 것이 하나님으로부터 떨어져 나간 것 같았습니다. 이것은 마치 대양이 어떤 것을 해변에 떨어뜨린 후 그 안으로 더 깊이 흘러들어 가게 하는 것처럼 보였습니다. 나는 그분께 돌아갈 아무런 능력도 없이 이런 식으로 거절당했음을 느꼈습니다. 나는 그 상태에서 어떤 후회도 느낄 수 없었습니다. 나는 나를 받으시는 것이 하나님께 기쁨이 될 때까지 그분이 나를 내려놓으신 곳에 그대로 남아 있을 작정이었습니다. 나는 그분이 원하시는 모든 것에 기꺼이 동의하려 했습니다. 내가 이런 일이 일어난 것으로 인해 매우 마음이 상해 있었다면, 사태는 더욱 악화되었을 것입니다. 내면에 깊이 숨겨진 내 영은 하나님 안에 고정된 채로 남아 있었습니다. 그분은 변질을 야기한 더 외적인 흠은 제거하셨지만, 영은 안전하게 보호하셨습니다.

모든 사람들에게 모든 것
(All Things to All People)

나는 당신의 편지를 큰 기쁨 가운데 읽었습니다. 다른 사람들을 도울 수 있는 성도들은 모든 사람들에게 모든 것이 될 수 있는 자들입니다. 즉 영적으로 다른 사람들이 필요로 하는 모든 것을 각 사람에게 줄 수 있는 자들입니다. 그리스도를 통하여 단순해지고 어린아이와 같이 된 사람들만이 은혜를 나누어 줄 수 있습니다. 이들은 다른 사람들의 약점을 보고 깊은 연민을 느낄 수 있는 사람들입니다. 그들은 다른 사람들의 짐을 대신 짊어지기도 하는데, 때로는 다른 사람들로 인하여 큰 부담을 경험하기도 합니다.

히브리서에는 "너희는 천만 천사와… 온전케 된 의인의 영들에게로 이르렀나니"라고 기록되어 있습니다. 다윗은 구약 시대의 인물이고 바울은 신약 시대의 인물이지만, 둘 다 하나님을 깊이 알았습니다. 생명을 주고 우리 몸에 영양을 공급해 주는 말씀은 만나로 상징되었지만, 실체는 예수 그리스도 안에서 발견되었습니다. 그리고 바로 그분이 영으로서 생명의 떡이십니다.

자기 지식
(Self-Knowledge)

일반적인 인간의 타락한 성품에 대한 이해이든지 아니면 개인의 결함에 관한 것이든지, 당신에 관해 하나님께서 주시는 견해를 받아들이십시오. 하지만 이 견해 위에 자신의 견해나 생각은 어떤 것이라도 보태지 마십시오. 지속적인 자기 반추(self-reflection)는 당신에게 도움이 되지 않을 것입니다. 그것은 당신의 흠들을 제거하지 못할 것입니다. 나는 당신 안에서 그렇게 많은 죄악들이 발견되었다는 것에 놀라지 않습니다. 또 당신이 그것으로 인하여 얼마나 연약한 존재인지를 느끼고 있다는 것도 이해합니다. 하나님께서 당신을 정결케 하실 때에, 당신 안에서 그분의 생명이 흐르는 것을 방해하는 모든 장애물들을 제거하실 것입니다.

드러난 당신의 악한 품성들은 내면 깊은 곳에 숨어 있었습니다. 하지만 이제 당신은 그것들이 숨어 있던 장소에서 쫓겨 나오는 것을 봅니다. 대부분의 사람들은 자신들에 대해 그렇게 깊은 지식을 가지고 있지 않습니다. 그들은 육체 가운데 거하는 동안 완전한 죽음과 장사지냄 같은 일을 경험하지 않기 때문에 그렇게 많은 고통을 당하지 않습니다. 조용히 쓴잔을 마시십시오. 이러한 과정은 당신이 어느 정도 온전해질 때까지 계속될 것입니다. 그러다가 그런 과정이 점점 줄어들 것이며, 그 후로는 당신이 자신에 대해 더 온전히 죽을 때까지 단지 간헐적으로만 있게 될 것입니다.

완전한 복종
(Total Surrender)

당신은 지식으로 하나님을 인식할 수 있지만, 하나님과 사랑에 빠지려면 당신의 의지를 완전히 그리고 사랑으로 드리는 복종이 있어야 합니다. 당신의 의지를 하나님 안에서 잃게 될 때에, 정말이지 최고의 기쁨을 맛보게 될 것입니다. 하나님의 뜻에 당신의 의지를 완전히 드리는 이러한 복종은 항구적인 상태가 될 것입니다. 물론, 그것은 어떤 식으로든 강요된 것이 아닙니다. 왜냐하면 그러한 복종은 당신의 의지를 통해 자발적으로 행한 것이기 때문입니다.

사랑이 당신을 지배하게 될 때에, 당신은 하나님께 복종하게 되고, 당신은 그분과 그분의 성품에 자연스럽게 연합하게 됩니다. 사랑이 크면 클수록, 당신은 사랑하는 그분께 더욱 복종하게 될 것입니다. 하나님의 사랑은 당신의 어느 부분은 자유케 하면서 다른 부분은 구속하는 그런 사랑이 아닙니다. 하나님은 당신을 이끌어 들이셔서 자신과 완전히 연합하기를 원하십니다.

당신의 머리는 하나님을 열정적으로 사랑하는 것에 대해 생각할지도 모릅니다. 하지만 당신 안에 있는 의지가 동의하지 않으면, 큰 내적 갈등이 있게 될 것입니다. 머리로 하나님을 사랑하는 것과 완전히 복종된 의지를 가지고 영으로 그분을 사랑하는 것 사이에는 커다란 차이가 있습니다.

어쩌면 당신은 하나님을 머리로 사랑할 때에 기쁨을 느낄지도 모릅니다. 하지만 그것은 스프링클러(sprinkler)에 의해 뿌려지는 물과 같습니다. 처음에는 큰 힘으로 인해 위로 올라가지만, 이내 땅으로 떨어지고 맙니다. 우리가 하나님을 영으로 사랑할 때에, 그 사랑은 바다로 흘러가는 강과 같습니다. 그것은 온 우주를 조성하신 위대한 건축가에 의해 고안된 강입니다.

의지와 함께 움직이는 사랑이 당신을 온전히 변화시킬 것입니다. 하나님 안에 완전히 빠지는 것이 참 기쁨입니다. 이것이 바로 변형(transformation)입니다. 당신은 쇠하고, 그분이 당신 안에서 흥하는 것입니다. 하지만 당신이 항상 하나님과는 구별된 존재로 남아 있을 것이라는 것을 분명하게 말씀드리고 싶습니다. 따라서 하나님과 하나 되어도 당신의 정체성을 결코 잃지 않을 것입니다.

자신을 포기하십시오
(Abandon Yourself)

본성의 활동이 당신의 영적 진보에 가장 큰 장애물입니다. 이러한 당신의 옛 자아를 강화시키는 것은 어떤 것이라도 거부하십시오. 박수 받는 것을 조심하십시오. 당신이 어떤 업적을 이루었을 때에 자축하지 마십시오. 당신이 행했을지도 모르는 어떤 선한 것에 대해 생각하는 것을 삼가십시오. 그래야 교만이 자라지 않고, 자기만족의 태도가 무성하게 자라지 않을 것입니다.

가능한 한 자주 당신의 영 안으로 물러나십시오. 이것은 당신의 노력으로 되는 것이 아닙니다. 당신의 노력을 포기하고 당신을 근심시키는 모든 것을 그냥 흘러가 버리게 함으로써 이루어집니다. 잠잠하십시오. 그러면 당신은 내면 깊은 곳에 이르게 될 것입니다. 이것은 마치 휘저어진 물이 잠잠해지도록 그냥 내버려두는 것과 같습니다.

당신의 결점과 죄악들을 발견했을 때, 그것들을 극복하기 위해 자신의 힘으로 어떤 노력도 하지 마십시오. 그것은 시간 낭비입니다. 대신에, 즉시 자신을 하나님께 맡기십시오. 오직 하나님만이 당신 안에서 그분의 마음에 들지 않는 모든 것을 멸하실 수 있습니다. 가장 작은 흠조차도 당신의 힘으로는 교정할 수 없다는 것이 나의 확신입니다. 당신의 유일한 소망은 하나님께 항복하는 것입니다. 그분의 손안에서 잠잠하십시오. 당신이 얼마나 심각하게 타락했는지 깨닫게 된다면, 자신을 개혁하고자 하는 모든 용기는 공포에 질려 달아나고 말 것입니다. 이 때문에 하나님이 철저히 당신의 타락을 숨기시다가 당신의 죄악들을 다루실 준비가 될 때에 그것들을 당신에게 드러내시는 것입니다.

하나님이 당신을 사랑하신다는 확신 안에 거하십시오. 그분이 당신을 지키실 것입니다. 그분의 위대한 사랑과 자비를 신뢰하십시오. 하나님께서 당신 앞에 그것들을 펼치실 때에 당신은 더욱더 선명히 경험하게 될 것입니다. 그분 안에서 담대하십시오. 만사가 형통할 것입니다.

진보
(Progress)

처음으로 영적인 걸음을 내디딜 때, 당신은 당신의 죄악을 깊이 느끼고, 자신을 하나님께 온전히 드릴 필요를 경험할지도 모릅니다. 이러한 자각과 함께 내면에 큰 고통이 수반될 수 있는데, 그것에 압도당하는 느낌을 받기도 할 것입니다. 하지만 시간의 흐름과 함께 당신이 하나님 안에서 점점 확고하게 자리 잡아 감에 따라, 이러한 감정들을 그리 강하게 경험하지 않게 되거나, 혹은 그러한 것들로 인해 정서적인 영향을 덜 받게 될 것입니다. 그렇다고 해서 이것이 하나님께 드렸던 완전한 복종으로부터 당신이 멀어졌다는 것을 의미하지는 않습니다.

맑은 물이 흐른 뒤에 아무런 흔적도 남지 않는 것처럼,

당신의 영적 생활의 상태도 지속되는 어떤 흔적도 남지 않을 수 있습니다. 하나님을 거부하거나, 하나님으로부터 돌아서지 말고 계속해서 그분 안으로 달려가십시오.

나는 나의 영적 경험들에 대해 더 이상 완벽하게 쓸 수 없다는 것을 경험하고 있습니다. 나는 하나님 안에서 깊은 안식을 발견했습니다. 예수님은 "나의 평안을 네게 주노라"고 말씀하셨습니다.

나는 교회를 위해 기도합니다. 나는 교회가 하나님에 대해서 그렇게 조금 알고, 그렇게 적게 사랑하는 것으로 인하여 신음하고 있습니다. 하지만 이러한 감정들은 쉬 지나갑니다. 나는 이제 그분이 원하시는 것을 느낄 준비가 되어 있습니다. 나는 그것이 어떤 것이라도 준비가 되어 있으며, 무(nothing)에도 준비되어 있습니다. 모든 사실은 하나님으로부터 옵니다. 모든 거짓은 나에게서 나옵니다. 나의 유일한 목적은 자신을 포기함으로 하나님 안에 받아들여지는 것입니다.

기도
(Prayer)

하나님께 자신의 의지를 완전히 드린 후에 당신에게 필요한 것은 헌신 안에서 걸어가는 것뿐입니다. 당신이 가진 모든 것을 당신의 왕께 드림으로써 그분 안에서 쉼을 얻으십시오. 당신은 어떤 중대하고 특별한 헌신의 행위를 그분께 드려야 하는지 알아볼 필요도 없습니다. 당신이 정도에서 조금만 벗어나도 하나님은 당신에게 그것에 대해 가르쳐 주실 것입니다.

이것은 기도에서도 마찬가지입니다. 매우 단순하게 기도하십시오. 어떤 요구가 당신의 영으로부터 흘러나올 때에, 그것은 말하지 않아도 충분한 기도로 하나님께서 받아들이실 것입니다. 그것은 당신의 영이 말을 한 셈입니다. 그러면 기도가 쉽게 드려집니다. 당신 안에 계신 성령님이 기도의 증인이 되어 주시지 않으면, 하나님은 협력하지 않으실 것이며, 그렇게 되면 기도하는 것이 불가능해집니다. 하나님께서 우리 안에 있는 자기(self)의 자리를 차지하실 때에, 성령님은 그분이 뜻하시는 것들을 위해 기도하실 것입니다. 이렇게 되면 당신은 기도를 꾸며내거나, 하나님께 말씀드릴 어떤 영리한 것들을 생각해내고자 하는 욕구를 잃게 될 것입니다. 오히려 당신은 하나님의 임재 앞에서 잠잠하고 싶어질 것입니다. 이러한 경험은 말로 표현하기 힘든 것입니다. 나는 온 세상이 하나님 앞에서 잠잠한 것이 무엇을 뜻하는지를 알았으면 좋겠습니다.

내적인 시련들
(Inward Trials)

나는 내적으로 시련을 당하는 이러한 시간이 매우 길다고 믿습니다. 왜냐하면 당신은 자신을 위해서 뿐만 아니라, 다른 사람들을 위해서도 이러한 것들을 배우고 있기 때문입니다. 하나님은 그분의 영광을 위해서 당신이 큰 성취를 이루는 계획을 가지고 계십니다. 당신의 경우, 하나님은 오직 당신과 그분만 아는 내적 시련들을 사용하기로 선택하셨습니다. 주님께서 사도 바울에게 말씀하신 것을 기억하십시오. "내 은혜가 네게 족하도. 이는 내 능력이 약한 데서 온전하여짐이니라." 당신은 이러한 수치스러운 것들이 당신에게 큰 도움이 되는 동반자임을 발견하게 될 것입니다. 왜냐하면 그것들이 당신으로 하여금 죄와 실수에 빠지지 않게 해줄 것이기 때문입니다. 그것들은 당신이 하나님께서 사용하실 수 있는 어떤 사람이 되도록 준비시킬 것입니다.

때로 당신은 이렇게 집요한 곤경들 속에서 자신을 다시 한 번 발견하게 될 것입니다. 당신이 "이제 끝났다" 생각할 바로 그때에 이러한 것들이 갑작스레 다시 나타날 것입니다. 당신의 겸손과 자신은 아무것도 아니라는 의식이 클수록, 하나님은 그분의 커다란 목적들을 성취하기 위해 당신을 더욱 사용하실 것입니다. 이러한 완전한 자기혐오와 부끄러운 상황 속에서 당신의 말들은 능력을 갖추게 될 것입니다.

우리 주님은 "내가 불을 땅에 던지러 왔노라"고 말씀하셨습니다. 불이 이미 당신 안에서 타고 있다면 그 불로부터 움츠러들지 마십시오. 당신은 순수한 사랑을 위한 순교자입니다. 즉, 다른 사람의 유익을 위해 헌신하는 제물입니다. 당신이 하나님 앞에서 작아질 때에 그분이 당신을 구하실 것입니다.

당신의 고통에 관해서 나에게 이야기하는 것이 소용없는 것처럼 보일지라도 주저 말고 이야기하십시오. 소용없지 않을 것입니다. 당신이 그것들에 대해서 말할 때에, 당신은 안도감과 더불어 힘이 솟아나는 것을 느끼게 될 것입니다.

완전한 휴식
(Complete Rest)

내 소원은 나를 하나님께 완전히 드리고, 내가 나를 사랑하는 것보다 훨씬 더 그분을 사랑하는 것입니다. 그분을 기쁘시게 하는 것을 내가 왜 반대하겠습니까? 내가 나를 그분께 완전히 드리는 것 외에 어떤 것으로 그분을 기쁘시게 할 수 있겠습니까? 누가 자신이 온 마음으로 사랑하는 왕의 통치로부터 도망갈 수 있겠습니까? "그리스도의 사랑에서 무엇이 우리를 끊을 수 있겠습니까?"

나는 당신이 이 세상에서 사는 동안에는 죄를 짓고 하나님과 분리될 여지가 있다는 것을 알고 있습니다. 또한 오직 하나님의 지속적인 자비로 인해 당신이 그분과 계속해서 교제할 수 있다는 것과 그분이 당신을 내버려 두시면 당신이 즉시 죄에 빠질 것이라는 것도 사실입니다. 하지만 나는 당신이 그분의 사랑에서 분리될지도 모른다는 두려움은 조금도 들지 않습니다.

이렇게 보호하시는 하나님의 신실하심에 대한 확증은 당신의 자아(ego)를 고양시키는 어떤 것이 아닙니다. 나는 하나님이 얼마나 선하신 분이며, 자신에게 속한 것을 얼마나 완벽하게 보호하시는 분인지 당신이 이해했으면 좋겠습니다. 그분은 우리를 얼마나 시기하시며 얼마나 꼼꼼히 지키시는 분인지 모릅니다. 하나님이 당신의 모든 것이 되게 하십시오. 하나님께서 당신으로 하여금 보기 원하시는 것만 보고, 사랑하기 원하시는 것만 사랑하며, 원하시는 것들만 원하십시오. 그분이 당신의 모든 것이 되게 하여 그분을 사랑하고 그분에게 복종하는 것이 쉬워지게 하십시오. 마치 눈먼 소경인 것처럼 그분을 신뢰하십시오. 의심이나 이성적인 질문 없이 그분을 신뢰하십시오.

하나님은 지금 살아 계십니다. 이 사실 하나만으로 충분합니다. 그분 안에서 당신이 누릴 수 있는 자유가 얼마나 큰지요! 당신의 모든 자아가 박탈될 때에 오직 하나님만 남아 계실 것이라는 것을 의심하지 마십시오. 내가 어떻게 내 자신의 유익을 추구하며, 어떤 것을 나의 것이라고 주장할 수 있겠습니까? 내가 그분 외에 다른 어떤 것에 관심을 가질 수 있겠습니까? 하나님께 소유되는 대신, 내가 나를 소유한다는 것은 얼마나 불쾌한 생각인지요! 나는 나 자신을 잃었습니다. 그리고 결코 나 자신을 발견하고 싶지 않습니다. 하나님은 지금 살아 계십니다.

사랑의 깊이
(The Depths of Love)

나는 영적 생활에 관한 당신의 질문에 답변하고 싶습니다. 개방적이며 단순하고 어린아이 같은 자세를 가지십시오. 당신의 영혼 깊은 곳에서 당신은 대양에 떨어진 한 방울의 물과 같아서 당신을 더 이상 인식하지 못하고 있습니다. 이렇게 확장된 상태에서 하나님으로부터 오는 모든 것을 보고 즐기십시오. 당신 안에는 오직 어두움만 존재하지만, 하나님 안에는 오직 빛만 존재합니다. 하나님께서 당신의 모든 것이 되게 하십시오. 나는 30년 이상 이 길을 걸어왔는데, 시간이 흐를수록 이러한 진리들을 더욱 깊이 경험하고 있습니다.

바닥이 없는 바다를 생각해 보십시오. 이 바다에 던져진 것은 어떤 것이라도 바닥에 도달하지 않고 계속 가라앉을 것입니다. 하나님의 사랑은 우리 내면의 어떤 무거운 물건과도 같아서 우리로 하여금 하나님 안으로 더 깊이 가라앉게 합니다. "하나님은 사랑이시며, 사랑 안에 거하는 자는 하나님 안에 거하고, 하나님은 그 안에 거하십니다." 그의 사랑이 어찌 그리 깊은지요!

예수 그리스도는 진리이며 사랑이십니다. 그분은 그것들을 성취하심으로써 성경을 설명하셨습니다. 따라서 당신이 하나님 안에서 온전해질 때, 하나님의 말씀이 그리스도 안에서 성취된 것처럼 당신 안에서도 성취될 것입니다.

오, 사랑이여! 당신은 나에 의해서가 아니라, 나를 통하여 당신에 의하여 표현된 순결하고 온전하고 단순한 진리입니다.

잔느 귀용과
프랑수와 페늘롱 사이에
주고 받은 서신

*C*orrespondence
between

Jeanne Guyon
and
Francois Fenelon

귀용이 페늘롱에게

　나는 지난 며칠 동안 당신을 위해 지속적으로 기도했습니다. 이러한 기도들은 소멸되지 않는 강한 불꽃과 같습니다. 당신 안에 하나님의 영이 자유롭게 일하시는 것에 대한 어떤 저항이 남아 있다고 내가 말하는 것을 참아 주십시오. 이렇게 말하는 이유는 그렇지 않았다면 내 영의 기도가 그렇게 강렬하지 않았을 것이기 때문입니다. 나는 다른 사람들에 대해 기도할 때에도 종종 이와 같이 느낍니다. 하지만 그렇게 강렬하고 오래 지속되는 기도를 경험해 본 적은 결코 없었습니다. 하나님께서 당신의 삶 속에서 원하시는 모든 것을 성취하실 수 있게 하십시오. 나는 하나님께서 당신을 그의 교회를 위해 밝게 타오르는 빛으로 선택하셨다고 믿습니다.

거짓 겸손이나 인간의 이성적인 판단으로 그것을 거절하지 마십시오.

하나님은 그분의 일을 이루시기 위하여 자신의 도구들을 사용하실 것입니다. 우리의 영이 하나님 안에서 연합되기 때문에, 우리의 외적 차이점과 환경들은 별로 중요하지 않습니다. 하나님께 속한 사람들 사이의 영적 교통이 얼마나 순결하고 단순한지요! 주님께서 우리가 성인들(saints)의 교제 안으로 들어갈 수 있게 길을 만들어 놓으셨습니다. 나는 모든 그리스도인들이 그리스도 예수 안에서 그들의 높은 소명을 알았으면 합니다.

믿음의 여정의 시작은 영원한 지혜이신 예수 그리스도께서 당신 안에 온전히 계시될 끝과는 매우 다르다는 것을 말씀드리고 싶습니다. 당신이 본질상 얼마나 악한 존재인지를 깨달으면, 그 후에 하나님께서 놀라운 방식으로 자신을 당신에게 드러내실 것이며, 그분의 영광을 위해 당신을 구별해 놓으실 것입니다.

페늘롱이 귀용에게

당신이 얼마나 아픈지에 대한 소식처럼 나의 마음을 요동케 하는 것은 없습니다. 하지만 당신이 하나님의 손에 있다는 것을 알기 때문에 나는 괴로워하지 않습니다. 내가 당신을 문병해도 될까요? 무엇이든지 저에게 부탁하십시오. 당신을 어떻게 도울 수 있는지 말해 주십시오. 주님의 이름으로 부탁드립니다. 당신의 지난번 편지는 나의 마음 중심에 영원히 남아 있을 것입니다.

나는 바울 서신들에 대한 당신의 해석을 천천히 읽으면서 큰 기쁨을 느끼고 있습니다. 나는 특별히 내적인 삶과 관련된 모든 것들에 관심이 있습니다.

나는 조그마한 일들에 관해서는 종종 우유부단한 모습을

보이곤 합니다. 때로는 무엇을 선택해야 할지 분명히 알지 못해 어찌할 바를 몰라 하기도 합니다. 어떤 것을 선택하든지 종종 거기에는 타당한 이유들이 있습니다. 어떻게 해야 할까요? 내 안에서 맨 먼저 일어나는 반응을 따를 경우, 나는 종종 그것이 이기적인 선택임을 발견하게 됩니다. 따라서 나는 이런 식으로 결정하는 것을 주저합니다. 반면에, 내가 주저하면서 어떤 것에 대해서 고민할 경우에는 더욱 불확실해집니다. 하나님은 나를 겸손케 하십니다.

나에게는 매일 작은 일들이 많이 일어납니다. 너무 작은 일이라 언급의 대상도 되지 않는 것들입니다. 하지만 이러한 것들이 내가 자신에 대해 조금씩 죽어 가는 것을 도와주고 있습니다. 나는 이렇게 작은 일들 안에서 피하고 싶은 것들을 보며, 또한 내 안에 아직도 남아 있는 자기(self)의 깊이를 발견하고 있습니다.

이러한 외적인 문제들 가운데 어느 것도 나를 제지하지는 못합니다. 내가 어떤 산만한 것들을 경험하는 것이 사실이지만, 또한 달콤한 내적 평안을 경험하며 하나님의 임재를 더욱 깊이 경험하기도 합니다.

주교의 직분이 나에게 주어질지도 모릅니다. 하지만 나는 지금의 위치에서 더욱 효과적인 사역을 감당할 수 있다고 느끼기 때문에 그 직분을 거절할지도 모릅니다. 당신은 이렇게 하는 것이 지혜로운 것이라고 생각하십니까? 이것을 위해 나와 함께 기도해 주십시오. 그리고 주님께서 이 문제에 대해서 당신에게 어떤 계시를 주시면 나에게도 알려 주십시오.

귀용이 페늘롱에게

    당신은 참으로 주님께 속한 자입니다. 따라서 주님께서 당신을 세밀하게 지켜주고 계십니다. 나는 당신이 결정을 내려야 할 때에 하나님께서 그분의 뜻을 당신에게 분명하게 나타내실 것이라고 믿습니다. 당신의 현재 마음 상태로 볼 때에, 당신으로 하여금 하나님의 뜻을 알고 따르는 것을 막을 것은 아무것도 없습니다. 어찌할 수 없는 산만한 생각들은 당신이 그것들에 의해 지나치게 힘들어하지 않는다면, 당신을 정화시켜 주는 데 도움이 될 것입니다. 산만한 생각들을 인식하는 것이 정화의 상태로 나아가는 첫 단계입니다. 정화의 단계에 이르면, 산만한 생각들이 사라질 것입니다. 당신은 이 상태에서 아직 멀리 있지만, 이 상태에 이르게 되면,

당신 안에 있는 모든 것들이 조화와 일치를 이루게 될 것입니다.

기도하는 것이 그렇게 힘들어진 이유는 하나님께서 당신 안에 있는 이 땅의 생각들을 하나님의 뜻과 더욱 일치하는 것들로 바꾸고 계시기 때문입니다. 하나님은 큰 십자가와 극도의 갈등을 통해서가 아니라, 당신을 어린아이와 같이 만드심으로써 당신을 인도하고 계십니다. 당신이 너무 어린아이 같아질까 봐 걱정하지 마십시오. 당신이 어린아이가 될 때에, 하나님은 당신 안에 있는 그분의 이미지를 새롭게 하실 것입니다. 더 이상 당신이 사는 것이 아니라, 당신 안에서 그리스도가 사시게 될 것입니다.

이것은 성령의 역사로 성취됩니다. 성령님은 당신 안에 있는 모든 악한 것들을 태우고 파괴시키는 소멸하는 불과 같으십니다. 그때, 말씀이신 예수 그리스도께서 당신 안에 형성되실 것입니다. 그리고 당신은 그의 형상을 따라 영광에서 영광으로 변화될 것입니다. 성경은 "우리 하나님은 소멸하는 불이다"라고 기록하고 있습니다. 지금은 그리스도 안에 있는 이러한 새 생명의 크기에 대해서 말할 수 없습니다. 당신은 경험을 통하여 스스로 그것을 발견하게 될 것입니다. 나는 당신을 이 멋진 삶으로 초대합니다. 이러한 삶은 오직 자기(self)의 죽음을 통해서만 가능합니다.

페늘롱이 귀용에게

나는 모든 것을 바라면서 동시에 아무것도 바라지 않는 나를 발견합니다. 나는 하나님께서 바라시는 모든 것을 바라며, 나에게 속한 것은 어떤 것도 바라지 않을 것입니다. 이것이 내가 진정으로 소망하는 것입니다. 하지만 나는 나의 자연적인 욕망들을 발견합니다. 그리고 그것들이 봄에 나뭇잎이 올라오는 것처럼 자라나면 무척이나 괴롭습니다. 나는 강한 성루와 같지만, 모든 방어선이 무너진 채로 공격당하고 있는 것 같습니다. 나는 이렇게 비참한 모습을 친구들에게 숨길 수 없습니다. 그들은 내 얼굴에서 그것을 보며, 내 목소리에서 그것을 듣습니다. 나에게 큰 시험들은 없습니다. 그 시험들에 어떤 힘을 실어 주는 것은 나의 연약함입니다. 나는 기도하는 것이 매우 힘든 것을 발견합니다. 내가 기도할 때면 많은 시험들이 강력하게 다가옵니다.

나는 기대하던 하나님과의 내적 교통과 즐거움을 발견하지 못하고 있습니다. 나는 아무것도 성취하지 못하고 있는 것 같습니다. 내면 깊은 곳에는 하나님이 주시는 평강이 있습니다. 하지만 바쁜 일과 중에는 하나님의 임재나 그분과의 교제를 잘 느끼지 못합니다. 나는 현재를 살면서 모든 산만한 것들이 떨어져 나가기를 원하지만, 때로 이 상태를 벗어나기 위해 일을 서두르고 싶은 유혹을 받기도 합니다. 나는 영적으로 매우 메말라 있으며, 내 임무들에 너무 열중한 나머지 때로는 마음속에 하나님을 위한 여유가 없는 것 같습니다. 나는 이렇게 부족한 내 모습이 싫습니다. 하지만 온전히 주님의 것이 되고자 하는 나의 바람이 나에게 힘을 실어 줍니다.

나는 영적 축복을 지나치게 즐기려 하는 것이 이기적이며, 영적으로 성장하는 데 위험할 수 있다는 것을 깨닫기 시작했습니다. 영적 성장은 이전에 이것을 도와주던 바로 그 요소의 제지를 받을 수 있습니다. 나는 경건의 훈련들을 포함하여 나를 하나님께로 인도하는 것은 어떤 것이나 단지 목적을 위한 수단일 뿐, 그것들이 나의 영적 생활을 지탱해 주는 것이 되어서는 안 된다는 것을 알고 있습니다.

하나님은 내적 기도와 그분의 임재 가운데 누리는 즐거

움으로 나를 나에게서 멀어져 그분께 이끄십니다. 하지만 내가 이러한 멋진 느낌들을 추구하는 일에 지나치게 몰두한 나머지 계속해서 그것들을 즐기기만 한다면, 하나님께서 질투하실 것입니다. 영적 은사들과 은혜들을 가지고 자기를 즐겁게 하는 사람들은 하나님께서 우리에게 주시는 자연적인 은사들을 통하여 무엇인가 이루려 하는 사람과 같을 것입니다. 인간의 지혜가 덫이 됩니다. 그 안에서는 영적 전쟁에서 승리하게 해줄 힘도 평안도 발견되지 않습니다. 그것은 단지 나의 걸음을 무겁게 할 뿐입니다.

귀용이 페늘롱에게

    가장 중요한 것은 당신의 뜻을 하나님의 뜻에 복종시키는 것입니다. 하나님은 당신을 인도하기 원하십니다. 그리고 하나님께서 당신에게 요구하시는 것은 그분이 당신을 인도하시도록 허락해 드리는 것이 전부입니다. 이러한 일이 일어나기 위해서 당신은 날마다, 그리고 매 순간 자신에 대하여 죽어야 합니다. 삶의 모든 사건들 속에서 당신의 욕구와 당신을 화나게 하는 것들을 당신 안에서 소멸시키십시오. 당신이 그것들을 무시하면, 그것들은 고통을 느끼면서 죽어갈 것입니다.

    이것이 순전한 믿음의 길입니다. 즉 하나님의 뜻 안에서 당신의 뜻을 잃는 것입니다. 이렇게 되면 당신은 하나님 외에는 아무것도 붙잡지 않게 될 것입니다. 하지만 이것은 쉽게 성취되지는 않을 것입니다. 왜냐하면 버팀목 하나가 제거되면, 당신은 이내 또 다른 버팀목을 붙잡으려 할 것이기 때문입니다. 당신은 어떤 것을 놓아주면서 또 다른 것을 더욱 단단히 잡으려 할지도 모릅니다.

하나님께서 모든 사람들을 인도하시는 기본적인 방식 외에, 각 개인에 맞게 사용하시는 특별한 인도 방법이 있습니다. 나는 어느 두 사람이 똑같은 방식으로 인도함을 받는 것을 결코 본 적이 없습니다. 이러한 차이들은 각 개인의 성격을 반영하며, 합력하여 선을 이룰 때에 하나님께 영광이 됩니다.

다른 사람들 안에 자아의 죽음을 가져오는 방법이 당신에게는 맞지 않을지도 모릅니다. 하나님을 향해 나아갈 때에 당신이 겪는 고통은 그 당시에는 이해되지 않을 수도 있지만, 그것은 하나님의 뜻에 대한 당신의 저항에서 나오는 것입니다. 이 저항은 아무리 순전한 것일지라도 당신 안에서 큰 방해를 일으킵니다.

우리는 하나님께서 우리를 대하시는 방법들에 대한 우리의 싫고 좋은 반응에 따라 그것이 옳은지 그른지 판단해서는 안 됩니다. 당신이 자신의 의지를 잃을 때, 당신은 균형을 매우 잘 잡게 될 것입니다. 그러면 결정을 내려야 할 순간에 당신은 하나님이 이끄시는 대로 쉽게 움직이게 될 것입니다.

하나님께서 당신을 그분과의 깊은 연합으로 이끄실 때에, 그분은 자신이 하고 있는 일을 정확히 아십니다. 당신이 영적으로 성장하는 데 있어서 중요한 단계는 많은 불확실성 속에서 하나님을 따르는 것입니다. 하나님의 뜻이 언제나 분명했으면 하고 바라는 것 자체가 하나님 외에 다른 버팀목이 있는 것이며, 이것은 당신의 의지를 상실하는 과정에 방해가 될 것입니다. 당신은 내가 말하는 의지의 상실을 이해할 수 없을지도 모릅니다. 그것을 설명하는 것도 쉽지 않습니다.

당신의 의지가 단호하면 할수록, 당신은 자신의 결함과 약점들을 더욱 많이 인식하게 될 것입니다. 왜냐하면 당신의 의지는 악한 모든 것들에 저항하기를 원하기 때문입니다. 힘을 내십시오. 당신은 죽어 가고 있는 나무의 줄기와도 같습니다. 나무에 싹들이 날지도 모릅니다. 하지만 그 싹들은 수액을 다 소비함으로 나무의 죽음을 가속화시킬 것입니다. 당신이 이러한 죽음의 상태에 이르게 될 때에—이 상태는 완전한 가난과 고통의 경험 후에 옵니다— 위대한 진리들을 발견할 것입니다. 이러한 진리들은 하나님께 가르침을 받은 사람들만 깨닫게 됩니다. 그때에 당신은 하나님만이 진리이심을 알게 될 것입니다.

나는 하나님께서 당신에게 진리의 영을 주시기 위한 그분의 계획이라고 지금 내가 믿고 있는 것을 당신에게 말할 수 있으면 좋겠습니다. 하나님은 당신을 살펴보시고 당신 자신을 포함하여 모든 소유물들을 제거하실 것입니다. 그래야 하나님께서 당신을 소유하실 수 있기 때문입니다. 텅 빈 상태에서 당신을 하나님께 맡기십시오. 당신은 가장 약한 자이기 때문에 가장 행복한 사람이라는 것을 명심하십시오. 하나님은 당신을 독특하고 겸손하고 부드럽고 아이 같은 사람들을 위해 선구자로 세울 계획을 가지고 계십니다. 따라서 하나님께서 당신의 영적 토대를 단단히 다지실 것입니다. 당신은 모든 것을 잃음으로써 무한한 부와 자유를 얻게 될 것입니다. 그리고 바울과 함께 다음과 같이 말하고 싶어질 것입니다. "그러므로 내가 그리스도를 위하여 약한 것들과 능욕과 궁핍과 핍박과 곤란을 기뻐하노니 이는 내가 약할 그때에 곧 강함이니라"(고후 12:10).

페늘롱이 귀용에게

나는 하나님의 순전한 사랑의 깊이를 경험하지 않으면 아무도 그것을 이해할 수 없다고 확신합니다. 하나님의 영의 깊이를 아는 분은 오직 성령님 한 분밖에 없습니다. 하나님의 사랑의 깊이를 개인적으로 경험하기까지는 이 형언할 수 없는 만남이 제한된 범위 내에서 설명될 것입니다. 따라서 나는 침묵을 지키고 있습니다. 나는 하나님께서 나로 하여금 그 끝없는 깊이를 탐험하게 허락하실 때까지 기꺼이 기다리려 합니다.

바울은 "그런즉 이제는 내가 사는 것이 아니라, 내 안에 그리스도께서 사신다"고 말했습니다. 나는 바울이 표현한 죽음이 세상, 즉 하나님께 속하지 않은 모든 것에 대해 십자가에 못 박힌 상태라고 생각합니다. 그때에 당신은 오직 하나님만 영화롭게 하며, 자신에 대해 다른 누군가의 이야기를 하는 것처럼 객관적으로 말할 수 있을 것입니다. 당신의 내면에 있는 하나님의 은혜와 영원한 것들에 대해 이야기할 수 있을 것입니다. 왜냐하면 당신이 하나님 안에 거하고, 하나님이 당신 안에 거하시기 때문입니다. 이것들은 내가 아직 도달하지 못한 경험들에 대한 견해일 뿐입니다.

어제 나는 나를 매우 괴롭히는 어떤 사람에게 죄를 범했습니다. 나는 그로 인해 비참한 기분이 들기는 했지만, 그것이 정말로 나를 괴롭게 하지는 못했습니다. 나는 오늘 아침 나의 잘못을 바로 잡기 위해 그 사람을 방문하려 합니다.

귀용이 페늘롱에게

　　최근에 나는 영적 연합의 성질에 관한 통찰력을 얻게 되었습니다. 당신이 하나님의 빛으로 더 분명하게 보게 될 때에, 앞으로 나아가는 당신의 걸음들이 얼마나 아름다운지 깨닫게 될 것입니다. 당신은 하나님의 형상대로 창조함을 받았습니다. 지금은 타락으로 인해 빛바랜 이 형상이 육신이 되신 말씀, 곧 예수 그리스도를 통하여 회복되고 있습니다. 그리스도가 당신 안에 거하시게 되면, 그분은 당신을 하나님의 성품과 특징들에 다시 참여할 수 있게 회복시키십니다. 이러한 성품의 한 부분을 받을 때에, 당신은 함께 나누는 은혜의 능력을 받을 것입니다.

　　당신이 하나님 안에 거하고 하나님의 성품이 당신 안에

거하기 때문에, 당신은 다른 성도들과 깊은 교제를 나눌 수 있게 됩니다. 당신이 하나님과 연합해서 그분의 성품에 참여하는 자가 될 때에, 하나님께서 그분을 당신에게 나눠 주시듯이 당신도 다른 사람들에게 은혜를 나누어 줄 수 있게 됩니다. 당신의 영은 하나님의 은혜를 흡수해서 반사합니다. 따라서 이 은혜는 마음과 마음을 통하여 흐를 수 있습니다. 이러한 모든 것이 당신에 의해서가 아니라, 하나님 안에서 그리고 하나님을 통하여 시작되었다는 것을 기억하십시오.

하나님은 태양과 같고, 그의 백성들은 태양 광선과 같습니다. 그것들을 분리하기는 어렵습니다. 하지만 그들은 독특합니다. 하나님과 더욱 깊이 연합된 사람들은 이러한 종류의 영적 교통을 매우 자주 경험합니다. 당신을 이끌어 그분과 다른 사람들에게 연합시키는 분은 오직 하나님이십니다.

하나님은 당신을 사용하여 다른 사람들을 그분께 이끄실 수도 있습니다. 하나님께서 사용하시는 사람들은 정결하고 투명해져서 그분의 길을 방해하지 않는 자들입니다. 하나님께서 사용하실 수 있는 깨끗한 그릇이 되십시오. 그러면 당신은 다른 사람들의 짐을 대신 질 수 있을 것입니다.

이렇게 주님과의 깊은 연합의 상태로 나아갈 때, 당신은 유혹의 소용돌이를 경험하게 될 것입니다. 하지만 하나님의 진리가 결국 승리할 것입니다. 배는 바람과 파도에 얻어맞을지라도 안전한 항구에 이르게 될 것입니다. 왜냐하면 하나님께서 선장이 되어 주시기 때문입니다.

나는 이러한 경험을 당신에게 설명하는 것이 어렵다는 것을 발견했습니다. 하나님께서 당신에게 빛을 비춰 주셔서 내가 설명하지 못하는 부분을 채워 주시기를 기원합니다.

이사야 54장을 읽고 당신의 생각을 나에게 들려주십시오. 나는 최근에 이 장을 여러 차례 읽었습니다. 그리고 하나님께서는 그 말씀을 나에게 어떻게 적용해야 할지 깨닫게 해 주셨습니다.

페늘롱이 귀용에게

나는 당신을 다시 보기 전에는 편지를 쓰지 않겠다고 결심했지만, 어제부터 당신에게 글을 쓰고 싶은 마음이 간절했습니다. 나는 당신이 나에게 얼마나 큰 축복인지에 대하여 항상 생각했습니다. 왜냐하면 내가 당신 안에서 하나님을 보기 때문입니다.

하나님 안에 세워진 관계들과 비교할 수 있는 관계는— 비록 이러한 관계들을 말로 설명하기는 쉽지 않지만— 존재하지 않습니다.

이사야 54장을 두 번 읽었습니다. 그 장은 처음에는 아기를 낳지 못하고 버려진 여인과 같은 교회의 영광과 풍성한 열매에 대해 기록하고 있었습니다. 하나님께서 사용하시기로 선택한 백성들은 메마르고 어려운 시기를 통과하면서 자기의 모든 것이 벗겨지는 것을 경험합니다. 이 길에는 우리의 인간적인 모습들을 제거하기 위한 시련들이 가득합니다. 그 후 그들이 준비되면 하나님은 그들을 풍성하게 해주시며, 그분 안에서 많은 열매들을 맺게 하실 것입니다.

귀용이 페늘롱에게

　당신은 하나님 안에서 영적 연합의 성격을 몇 마디로 설명했습니다. 이 연합의 형태는 매우 단순합니다. 이 연합은 하나님에 의해 이루어지고 하나님 안에 있기 때문에 공간이나 혹은 다른 어떤 것들에 의해 분리되지 않습니다. 나는 하나님 안에서 당신을 발견합니다. 그리고 당신 안에서 하나님을 봅니다. 우리의 교제는 항상 단순하고 정결합니다.

　나는 당신이 영혼들의 연합에 관하여 때로 의심했다는 사실에 놀라지 않습니다. 나 또한 그렇습니다. 하지만 이러한 의심들은 내가 하나님께서 그분의 자녀들을 통하여, 심지어 가장 약한 자녀들을 통하여 영광을 받으시는 것을 크게 기뻐하신다는 것을 생각할 때에 사라집니다. 나는 무엇보다도 하나님께서 영광 받으시기를 원합니다. 나에게는 무슨 일이 일어나도 괜찮습니다.

바로 어제 나는 어떤 경험을 상상했었는지에 대해 질문했습니다. 나를 통해 일하시는 분이 성령님이라고 가정했기 때문에, 나와 함께하는 어떤 사람이 하나님의 만지심을 경험할 수 있는지 주님께 여쭈었습니다. 즉시, 나의 기도에 대해 전혀 알지 못하던 사람이 하나님의 만지심을 확연하게 경험하는 일이 일어났습니다. 그녀는 자신이 받은 하나님의 큰 평강과 기쁨에 대해 나에게 말해 주었습니다. 최근에 나는 백성들을 향한 하나님의 사랑이 급류처럼 흘러 그것을 받기 위해 열려 있는 모든 사람들의 마음을 축복해 주시는 것을 보고 진한 감동을 받았습니다. 당신이 다른 사람들과 경험하고 나누는 사랑은 그분의 사랑에 비하면 일부에 불과합니다.

어제 나는 아파서 침상에 누워 있어야 했습니다. 침상에서 나는 그 어느 때보다도 그리스도의 십자가에 대해 더 깊이 이해할 수 있었습니다. 내가 말할 수 있는 모든 것은 "내 안에서 당신의 뜻을 이루소서"였습니다. 주님과의 연합 안에서, 그리고 그분의 교회를 위하여 어떤 고통이라도 짊어지겠다고 새롭게 순종을 다짐했을 때에, 이러한 말씀이 내게 왔습니다. "내가 네게 장가들어 영원히 살되 의와 공변됨과 은총과 긍휼히 여김으로 네게 장가들며"(호 2:19).

나는 빠른 시일 내에 죽지 않을 것이라는 확신을 가지고 있었습니다. 하지만 어제는 너무 아팠기 때문에 '이제 끝이 이르렀구나' 하는 생각을 하기에 이르렀습니다. 그러나 저녁이 되었을 즈음에 내가 회복되고 있음을 느꼈고, 하나님의 영이 나를 가득 채우는 것을 경험했습니다. 나의 마음이 하나님의 사랑으로 가득해졌기 때문에 나의 육체도 강건해졌습니다.

나는 여기에 있는 누구에게도 이 경험을 이야기할 수 없습니다. 나는 우리가 서로를 거의 방문하지 못할지라도 주님께서 우리 사이에서 많은 것을 성취하실 수 있다고 믿습니다. 이 세상의 어떤 거리나 공간도 하나님 안에서 하나 된 영들의 교제를 막을 수는 없습니다.

페늘롱이 귀용에게

당신이 쓰신 것을 기쁨으로 읽었습니다. 그리고 당신이 나에게 답신을 쓸 때에 하나님의 인도함이 있기를 기도했습니다.

내가 영적으로 강건해질 것을 믿으십시오. 나는 이미 강건해졌습니다. 나는 당신이 말하는 것을 받고 싶습니다. 지금 나에게 필요한 모든 것을 미루지 마십시오. 특별히 내가 어린아이처럼 단순해지는 데 도움이 될 모든 것을 지체하지 마십시오. 하나님의 영이 자유롭게 운행하시지 못하게 방해하는 어떤 것이 내 안에 있다면, 그리고 당신이 그것을 알고 있다면, 숨김없이 그리고 명백하게 나에게 말씀해 주십시오. 나는 오직 하나님의 뜻만을 행하기 원할 뿐입니다. 그것 외에 다른 어떤 것도 나에게는 중요치 않습니다.

나는 나의 지혜가 죽어야 한다는 것을 잘 알고 있습니다. 하지만 내가 할 수 있는 것은 내 자신을 불타는 도가니에 가두어 두는 것이 전부입니다. 그리고 하나님께서 그 도가니 안에 바람을 불어넣으셔야 합니다. 나는 하나님께서 정하시는 것을 하나도 빠짐없이 받아들일 것입니다. 내가 더 이상 무엇을 할 수 있겠습니까?

나머지 부분은 나를 위해 당신이 기도해 주시지 않겠습니까? 나는 하나님께서 원하시는 만큼 자라고 싶습니다. 그렇게 되기까지 어떠한 희생이 따르더라도 괜찮습니다. 내가 어떠한 고통을 겪어야 할지라도 괜찮습니다. "한날의 고난은 그날에 족하니라." 악을 허락하시는 분이 악으로부터 선을 이루실 것입니다. 게다가 나는 오직 나에게만 유익할지 모르는 것에 대해 생각하고 싶지 않습니다. 나는 자신에 대한 관심을 끊음으로써 하나님의 뜻이 온전히 성취되기를 소망합니다.

나의 몸과 혼이 연약하여 일상적인 일들을 감당할 수가 없습니다. 하지만 나의 영은 하나님 안에서 쉼을 얻고 있습니다. 나는 쉼과 재창조를 위한 시간을 갖고 있습니다.

기도 시간에 나의 마음은 산만하고, 요청하는 기도보다는 주로 고요한 교통을 하고 있습니다. 나는 말을 탈 때, 혹은 걷고 있을 때에 가장 자연스럽게 기도합니다. 기도하기 위하여 어느 한 장소에 머무를 때에는 생각들이 산만해집니다. 내가 지금 말씀드린 것에서 당신은 내 경험이 얼마나 부끄러운 것인지 아실 수 있을 것입니다.

귀용이 페늘롱에게

당신이 더욱 단순한 삶을 추구하고 있다는 소식을 들으니 매우 기쁩니다. 나는 당신이 자신에 대하여 죽기 위해 큰 희생을 치러야 한다는 것과 당분간은 종종 옛 방식으로 돌아갈 것이라는 사실을 의심하지 않습니다. 하나님으로부터 특별한 메시지를 듣기 위해, 혹은 그분의 특별한 임재를 느끼기 위해 기다리지 말고, 항상 단순한 방식으로 살아가십시오.

누군가가 원하는 때에 들어왔다 나갈 수 있도록 방문을 열어 놓는 것과 같이, 당신의 영을 항상 하나님께 열어 놓으십시오. 빛과 방향을 찾기 위해 계속해서 하나님을 바라보는 동안에, 믿음으로 걸으시고 특별한 지시를 기다리지 마십시오. 하나님은 항상 당신과 함께하시면서 모든 것들을 가르쳐 주실 것입니다. 그분은 가장 적절한 순간에 해야 할 올바른 말을 주실 것입니다. 영감은 당신이 그것을 필요로 하는 그 순간에 올 것입니다. 그것은 당신이 영리하다고 해서 만들어 낼 수 있는 것이 아닙니다. 당신은 이성적인 사고에 의지하지 않고 유치하게 보이는 믿음을 가지고 행동하는 어린아이처럼 단순해져야 합니다.

믿음은 거의 불가능해 보이는 것조차도 포기하지 않습니다. 하나님은 수많은 방식들을 사용하여 당신의 믿음을 훈련시키십니다. 그분은 당신을 지지해 주었고, 당신에게 본성을 죽이는 것이 얼마나 유익한지 보여 주셨던 그분의 임재 의식까지도 거두어 가십니다. 후에 하나님은 그분의 임재 의식을 회복시키심으로써 다시 당신의 믿음을 훈련시키십니다. 이러한 느낌들이 돌아올 때에, 하나님은 그러한 느낌들을 정화시키시며 당신의 영적인 능력을 확장시키십니다. 동시에 당신은 어떤 것에도 방해받지 않는 깊은 내면의 평강을 느낄 것입니다.

이런 식으로 당신은 성장하며, 단순함과 정결함을 잃지 않으면서 성숙으로 나아갑니다. 그리고 하나님의 속성을 더 많이 경험하기 시작할 것입니다. 왜냐하면 그분은 자신을 다양한 방식들로 나타내셨기 때문입니다. 지금은 이 모든 것을 당신이 이해하지 못할 수도 있지만, 매우 중요한 것들입니다. 때로 당신은 하나님께서 당신에게 요구하고 계신 것을 단지 알지 못하기 때문에 하나님의 인도하심을 따르지 못할 수도 있습니다.

하나님은 위대하신 분입니다! 그분은 당신 안에서 그렇게 다양한 방식들로 일하고 계십니다.

페늘롱이 귀용에게

나는 확고한 신념을 가지고 당신에게 말하는 사람들을 특별히 신중하게 대하라고 경고하고 싶습니다. 나 또한 최근에 있었던 비평적인 보고들로 인하여 얼마나 큰 고통을 겪어야 했는지 당신에게 말하고 싶습니다.

많은 생각이 내 머리를 스치고 지나갔고, 나에게 참기 힘든 고통을 가져다주었습니다. 모든 것이 매우 수치스럽게 여겨졌습니다. 그리고 이러한 생각들과 그 생각들이 가져온 슬픔을 몰아낼 수 없어서 하늘로 날아오를 수 있으면 좋겠다는 생각도 들었습니다. 하지만 내가 하나님을 꼭 붙들고, 그분으로 하여금 그 일들 속에서 그분의 뜻을 이루시도록 했을 때에, 죄를 짓지 않을 수 있었습니다. 하나님이 나의 자존심과 허영심과 야망과 인간적인 지혜를 십자가에 못 박으시려고 이 상황을 사용하고 계신 것 같습니다.

나는 다시 평화를 찾을 수 있게 되었습니다. 이 비방으로 인하여 나에게 주어진 고통은 내가 얼마나 하나님께 복종하는 삶을 살고 있는가에 대해 생각해 볼 수 있는 시간을 주었습니다.

당신은 외적인 일들이 아무리 골치 아픈 것이라 할지라도 그것들로 인해 동요하지 않는 것 같습니다. 나는 내가 명성을 잃지 않을까 하는 걱정을 해왔습니다. 나의 옛 자아는 먼저 상실감을 부각시켜 주었습니다. 하지만 이러한 연약함을 보는 것이 나에게 유익합니다. 나는 베드로가 그랬던 것처럼 하인까지도 두려워하고 있습니다.

나의 부실한 건강 때문인지, 나의 모든 임무들 때문인지, 혹은 단지 나의 부주의함 때문인지 잘 모르겠지만, 나에게는 기도하는 것, 혹은 기도(전통적 의미에서의 기도)하기 위해 시간을 내는 것이 매우 어렵습니다. 더욱 이상한 것은 그러한 상황에 대해 내가 별로 유감스러워하지 않는다는 것입니다. 또한 그것 때문에 내가 앞으로 어떻게 될지에 대해서도 두려워하지 않고 있다는 것입니다. 내가 법정에서 보다 더 유혹에 노출된 적이 결코 없었습니다. 따라서 더 기도해야만 할 것 같습니다. 나의 결함들에 깊은 비애를 느끼지만, 내면 깊은 곳에서는 그렇게 평안하고 자유로움을 느껴 본 적이 없으며, 또한 내 행위에 있어서 그렇게 어린아이와 같으며 그렇게 대담한 적도 없었습니다. 나는 기도할 때에 내 영 깊은 곳에서 하나님과 연합되어 있는 내 모습을 발견합니다.

나는 당신을 곧 볼 것이라는 사실 때문에 기뻐하고 있습니다. 나는 당신에게 많은 빚을 지고 있습니다.

당신의 도움을 힘입어 아직까지 나에게 알려지지 않은 방식들로 하나님을 발견하고 더 잘 알기 위하여 하나님 안으로 더욱 깊이 나아갔으면 좋겠습니다. 나는 영원히 그분 안에서 나를 잃었으면 좋겠습니다.

귀용이 페늘롱에게

바깥세상에서 일어나는 일에 내가 별로 주의를 기울이지 않는다는 것은 사실입니다. 악한 비방들은 너무 일반적인 것들이어서 나를 전혀 놀라게 하지 못합니다. 나는 당신이 그러한 상황으로 인하여 많이 괴로워할 것이라는 것을 알고 있습니다. 또한 모든 것이 결국은 당신의 유익을 위한 것이라는 것도 압니다. 나는 당신이 그 시련 속에서 죄를 짓지 않았을 뿐만 아니라, 정화되었고 당신의 믿음과 하나님에 대한 복종도 한층 나아졌다고 믿습니다.

내가 비록 약하고 무가치한 존재임에도 불구하고, 하나님은 내가 당신을 오도하거나 당신에게 상처 주는 일을 허락하지 않으실 것입니다. 나는 우리 관계가 시작될 때부터 세상의 눈으로는 적당해 보이지 않는 사람을 통하여 당신을 돕는 것이 하나님의 계획이었음을 알고 있었습니다. 이와 같은 사실이 당신에게 고통을 야기시킬지도 모릅니다.

나 또한 많은 고통을 당했습니다. 내가 사회의 규칙들을 따르며, 단지 사회적으로 기대되는 것이기 때문에 어떤 것을 하려 할 때에는, 하나님께서 나에게 주시는 고요한 인도하심을 무시하기가 매우 쉬워집니다. 나는 그분을 슬프게 하고 싶지 않습니다. 나는 그분의 뜻에 반대되는 길을 걷고 싶지 않습니다.

주님께서 그분과 그분께 온전히 복종하는 사람 사이의 연합이 얼마나 긴밀한지에 대해 당신에게 가르침을 주셨으면 합니다. 스스로 어떤 행동 계획을 세우려 하면, 나는 유아처럼 무력하고 연약한 존재가 됩니다. 내가 하는 것은 내적 인도, 즉 내 안에 있는 하나님의 생명으로부터 나와야 합니다. 우리 각자는 하나님과의 관계 속에서 이 경지에 이르기 위해 여러 번의 죽음을 통과해야 합니다. 이 경지에 이른 사람들은 하나님의 뜻을 직감적으로 알기 때문에 그분의 뜻을 행합니다.

당신이 이기적인 유익들을 포기하는 것과, 하나님이 기뻐하시는 모든 방식으로 당신을 통해 일하시도록 허락해 드리는 것 사이에는 큰 차이가 있습니다. 상대적으로 이러한 경지에 도달하는 사람은 매우 적습니다. 이것은 대부분의 사람들이 마땅히 그래야 하는 정도까지 죽을 수 있는 충분한 용기를 가지고 있지 않기 때문입니다. 이 경지에 이른 사람은 흔들리지 않는 용기와, 무슨 손해를 감수하더라도 하나님의 뜻을 행할 수 있는 헌신적인 자세를 가지고 있습니다. 그러한 사람은 하나님의 뜻에 반하는 것을 행할 수 없는 그에 상응하는 무능력을 경험합니다.

당신은 힘이 필요할 때마다 항상 하나님으로부터 그것을 받을 것입니다. 하나님은 한순간도 당신을 떠나지 않으실 것입니다. 그분은 말로 표현할 수 없을 만큼 당신을 사랑하십니다.

페늘롱이 귀용에게

나는 지난 5일 동안 시골에서 지내다가 돌아왔습니다. 나는 당신에 대하여 약간 걱정하기도 했지만 참 쉼을 즐길 수 있었습니다. 나는 내 주변의 것들을 즐길 수 있었지만, 동시에 건강이 좋지 않아서 내 주변 환경에 어느 정도 무관심하게 되었습니다. 일어난 모든 일들을 통하여 나는 하나님과의 깊은 연합을 경험했고, 그분의 뜻에 말 없이 순종하게 되었습니다.

현재 나는 그 어떤 것에도 당황하지 않습니다. 나의 결함도, 다른 사람들이 나에 대해 어떻게 생각하는 것도, 현재 당하고 있는 어려움들도 나에게 별 영향을 주지 못하고 있습니다. 나의 결함들은 충분히 치욕스러운 것들이지만, 내가 하나님 안에서 느끼는 평안과 내 영의 성장에 비교할 때 그것들은 사소한 것에 지나지 않습니다. 나는 또한 내가 지금 당하고 있는 모든 것들에 대해서도 이와 같이 느끼고 있습니다.

모든 것들이 내 계획이나 조정 없이도 매우 순조롭게 제 길을 가고 있는 것 같아서, 때로 내가 지금 경험하고 있는 것들이 무관심과 영적인 삶의 상실로부터 나온 것은 아닌가 하는 시험을 받기도 합니다. 이러한 인상을 매우 강하게 받는 이유는 나에게 기도에 대한 부담이 전혀 없기 때문입니다. 기도할 것이 전혀 없습니다. 하지만 나는 결코 그렇게 멋진 방식으로 하나님께 다가간 적이 없었습니다. 그 방식은 어린 아이들의 방식과도 같지만, 깊고, 지속적이며, 하나님과의 깊은 연합에 관한 것입니다. 내 주변의 많은 것들이 나를 유혹해서 사로잡으려 하지만, 하나님께서는 내가 오직 그분 안에서 쉬거나, 쉬고 싶은 마음이 들도록 그러한 것들을 되돌리십니다. 내 영은 방주로 돌아오는 노아의 비둘기와 같습니다.

지난번에 장문의 편지를 보냈는데, 정신없이 수많은 일들 속에서 내가 잘못 보낸 것은 아닌지 걱정이 됩니다. 나는 내 영 깊은 곳에서 당신의 모든 괴로움과 승리에 참여하고 있습니다. 나는 당신이 지난번 편지에 언급한 모든 것들을 들을 필요가 있었습니다. 나는 하나님께서 당신을 인도하고 계신 것과 당신을 통하여 나를 인도하고 계심을 느끼고 있습니다.

나는 하나님께서 나를 어디로 인도하시는지 알지 못할지라도 그분이 인도하시는 곳으로 따라가렵니다. 그분의 인도를 인식하면서 그분을 따라갈 것입니다. 이렇게 하는 것이 나에게는 아직도 쉽지 않습니다. 나는 내 방식으로 사고하는 것에 너무 익숙해 있기 때문에, 하나님께서 나를 인도하시는 방식에 복종하는 것이 항상 쉽지는 않습니다. 하지만 하나님이 나를 탐색하고 계시며, 나는 옳은 길에 서서 그분을 따라가고 있다고 믿습니다.

당신을 빨리 뵙고 싶습니다. 우리를 위해서가 아니라, 하나님을 위해서 말입니다.

에세이

An Essay

내적 여정에 대한 생각들
(Thoughts on the Inward Way)

당신은 이성적인 사고나 힘든 노력을 통해서가 아니라, 당신을 그분께 이끄시는 하나님의 사랑으로 믿음 안에서 그분을 추구할 수 있습니다. 하나님은 마음 가장 깊은 곳에서 흘러나오는 외침에 반응하십니다. 먼저 당신은 그분께 적극적으로 협력해야 합니다. 그러면 당신이 단순히 동의할 때, 하나님께서 당신 안에서 모든 것을 성취하시는 수준에 이르게 되고, 큰 진보를 이룩하게 됩니다. 처음에는 그런 것이 큰 기쁨을 주지만, 그 다음에는 매우 건조하고 힘든 것이 될 수 있습니다. 그러다가 마침내 모든 것이 당신 안에서 사랑으로 성취됩니다.

내적 여정에 대해서 무엇을 알고 있습니까? 그것은 당신 안에 하나님의 나라를 이루는 것입니다(눅 17:21). 하나님 나라가 당신의 영 안에서 발견됩니다. 이제는 영의 눈으로 외적인 관례들과 표식뿐인 종교들을 바라보는 일을 멈추는 것이 필요합니다. 인간들은 타락한 자존심으로 인하여 자신들의 신앙을 외적인 표식들로 포장했습니다. 하지만 당신은 영의 눈을 하나님의 말씀에 고정시키는 내적인 삶을 살아야 합니다. "구하라 그러면 주실 것이요"라는 말씀이 있습니다. 여기에서 '구하라'는 것은 영으로 행하는 내적인 활동을 가리킵니다. 그것은 감추어진 것을 발견하고자 하는 열망입니다.

당신이 진정으로 하나님의 나라를 구할 때, 이 하나님의 나라는 당신 안에서 한 번에 조금씩 확장될 것입니다. 내면의 기도가 더 쉬워집니다. 그리고 하나님의 임재를 더 빨리 느끼고 쉽게 받아들이게 됩니다. 한때 사람들은 하나님의 임재는 오직 하나님에 대한 생각 안에 있다고 믿었습니다. 따라서 하나님을 발견하기 위해 생각을 하나님께 집중시켜야 했습니다. 이것은 너무 어려운 일이며, 우리의 생각은 그것을 견딜 수 없습니다. 감사하게도 하나님의 나라는 인간들의 생각 속에서 발견되는 것이 아니라, 영혼 깊은 곳에서 발견됩니다. 따라서 이러한 모든 이성적인 노력들은 사실 아무런 효과가 없습니다. 당신이 이성적인 사고를 통하여 하나님을 발견하려 노력한다면 좌절감을 맛보게 될 것입니다. 하나님이 당신을 다스리시는 것을 두려워하는 우리의 적 사탄은 당신을 당신의 영으로부터 끌어내어 외적인 종교의 형태 안에 집어넣으려 노력하고 있습니다. 그는 두 가지 방법을 사용합니다. 첫째, 사탄은 많은 일들을 통하여 하나님께 나아가는 권리를 얻으라고 유혹합니다. 이렇게 하면 당신 내면의 고요함이 사라져 버릴 것입니다. 둘째, 사탄은 당신의 생각을 자극하여 하나님을 이성적으로 추구하도록 유혹합니다. 이중 어떤 것도 당신의 영의 내적인 삶에 도움이 되지 않습니다.

당신은 "그러면 내가 어떻게 이러한 내적인 여정을 해낼 수 있습니까?"라고 질문할 수 있을 것입니다. 하나님은 당신의 깊숙한 곳을 들여다보시며, 모든 일에 균형을 잡으라고 가르치시면서 당신을 그분께 이끄십니다. 당신은 지나치며 외적인 모든 훈련들을 제거함으로써 그 나라의 평화를 경험하기 시작할 것입니다.

당신 안에 인도자가 계십니다. 그분이 당신에게 필요한 모든 것들을 공급하시며, 죄가 당신에게 남겨 놓은 무거운 짐들을 제거하실 것입니다. 이 인도자는 당신의 타락한 성품을 키우시지 않습니다. 또한 순전한 쾌락을 금하시지도 않습니다. 당신의 왕은 당신 안에서 항상 어떤 식으로든 일해 오셨습니다. 당신이 내적으로 이 나라를 지각하기 시작할 때에, 하나님과의 깊은 교통을 경험할 수 있을 것입니다. 이것은 당신의 영적 여정에서 "그 다음 단계"라 불릴 수 있는 수

준일 것입니다.

사랑하는 주님! 내가 내 영으로 전심으로 주님을 찾았습니다. 그리고 당신은 영으로 나를 찾으라고 말씀하셨습니다. 그래서 내가 거기에서 당신을 발견하였습니다. 내가 밤낮으로 당신을 찾았습니다. 나의 모든 마음의 소원들이 당신 안에서 발견되었습니다. 이제 내가 당신을 찾았습니다. 왕으로서 나를 다스리소서. 내 안에 당신의 나라를 세우소서. 나는 당신의 뜻만 행하겠습니다. 한때 나의 것이라고 생각했던 모든 권리들을 당신에게 드립니다. 당신의 선하심으로 나에게 주셨던 모든 것들을 이제 돌려 드립니다.

영적 여정에서 이 단계에 이르면, 당신은 스스로 진보를 이루기 위해 노력하는 것을 멈출 것입니다. 당신은 단순히 그리고 사랑스럽게 주님과 그분이 당신 안에서 행하시는 일을 바라볼 것입니다. 그러면서 그분의 일을 멈추려 하거나 가속화하려 하지 않을 것입니다. 영적 여정을 시작하는 단계에서는, 당신 안에 그분의 나라를 방해하는 모든 것을 제거하기 위하여 온 힘을 기울이게 될 것입니다. 이렇게 하는 것은 쉽지 않습니다. 왜냐하면 처음에는 내면을 향하기가 쉽지 않고, 또한 당신의 옛 자아가 쉽게 자기 자리를 내어주려 하지 않기 때문입니다.

이 시점에 당신은 더 이상 당신의 길에 놓여 있는 어떤 장애물과도 싸우려 하지 않을 것입니다. 어떤 싸움이 필요하든지 하나님께서 해결하시도록 하십시오. "주님, 지금이 당신의 나라를 소유하실 때입니다! 완전히 소유하십시오! 나는 단지 당신을 바라보기 원합니다!"라고 말하십시오. 이렇게 해서 하나님의 통치가 시작되면 얼마나 좋은지 모릅니다. 이 땅의 쾌락들과 단절된 상태로 수일 혹은 수년이 지날지도 모릅니다. 하지만 당신은 무엇인가 도둑맞았다는 느낌이 들지 않을 것입니다. 당신은 이전에 노력했던 것보다 이러한 방법을 통하여 더 빨리 자라게 될 것입니다. 당신에게 결함도 있고, 부족함도 있지만, 하나님의 사랑이 그러한 것들을 조금씩 줄여 가실 것입니다. 하나님은 또한 이러한 시기에 당신이 자신의 결함들로 인하여 낙심하는 것을 허락하지 않으실 것입니다. 두려워할 이유가 없는 것 같습니다. 왜냐하면 하나님이 하실 대부분의 일이 완성되었고, 당신은 당신의 왕을 더 충분히 즐기기 위하여 영원 안으로 들어가기만 하면 된다고 생각하기 때문입니다.

하지만 당신이 성숙해 감에 따라서 이렇게 방해받지 않는 축복이 사라져 가는 것을 경험하게 될 것입니다. 하나님께서 다시 당신을 이끌기 시작하십니다. 이때의 이끄심은 하나님께서 당신의 내면을 온전히 장악하실 뿐 아니라, 당신이 아무런 기쁨을 맛보지 못하고 있는 상태에서 당신을 통치하시기 위함입니다. 이제 당신은 망명 생활을 경험하게 됩니다. 당신은 하나님께서 당신의 깊은 곳에서만 통치하신다는 독특한 인상을 가지게 됩니다. 처음에는 이 망명 생활이 매우 고통스럽습니다. 왜냐하면 당신이 처음으로 그분을 내적으로 추구한 때와 그분이 당신을 온전히 정복하시는 시기 사이에 긴 여정이 있기 때문입니다. 그 여정 중에는 많은 시련들과 유혹들과 슬픔들이 있습니다. 당신이 더 깊은 곳으로 나아갈수록, 단계마다 정화의 과정이 따를 것입니다. 사람들은 종종 이 정화의 첫 단계를 마지막 단계로 오해하기도 합니다. 이 시점에 하나님은 당신의 어떤 도움 없이 홀로 당신을 통치하기 원하십니다. 어떻게 생각할지 몰라도 이것은 당신이 경험한 어떤 상태라도 초월하는 단계입니다.

당신의 본성이 죽게 되면서 이기적인 일들을 멈추었을 때, 속사람의 결함들이 더 분명하게 드러납니다. 이것은 하나님께서 당신이 하나님을 느끼지 못할 때에 어떻게 행하는지를 보시기 원하기 때문입니다. 이 단계에 들어서면서 당신은 힘든 경험을 하게 될 것입니다. 왜냐하면 당신이 얻은 모든 것을 잃은 것처럼 느껴질 것이기 때문입니다. 설상가상으로, 당신은 이전에 보지 못했던 결함들을 당신 안에서 보게 될 것입니다. 당신은 아가서에 나오는 처녀와 같이 "내가 발을 씻었는데 어떻게 다시 그 발들을 더럽힐 수 있겠는가?"라고 말할 수 있을 것입니다. 사랑하는 이여! 당신이 사랑하는 분께 개방됨으로 자신을 더럽히지 않는다는 것을 이해해야 합니다. 설령 그렇다 할지라도, 그분이 당신의 모든 흠들을 제거하시고 당신을 더욱 아름답게 하실 것입니다.

한편, 당신의 관점에서 당신이 아름답게 되는 것을 소원으로 삼지 마십시오. 당신의 소원은 오직 당신이 사랑하는 그분이 얼마나 아름다운지 보는 것이어야 합니다. 이러한 태도가 당신 안에서 자라 감에 따라, 그리고 당신이 정말로 자신에 대해 죽고자 함에 따라, 당신은 당신이 사랑하는 그분의 아름다움에 온전히 매료될 것입니다. 하지만 당신이 사랑하는 그분의 더 위대한 아름다움을 얻기 위해 당신의 미를 포기한다면 거기에는 아직도 이기심이 있기 때문에 이 단계도 초월해야 합니다. 더럽혀지지 않고, 더하거나 감해지지 않은 그분의 아름다움만이 드러나게 해야 합니다. 모든 것을 그분께 맡겨야 합니다. 이것이 온전한 사랑이며, 온전한 사랑은 하나님만을 바라는 것입니다.